だからモメる!　これで解決!

男女の会話答え合わせ辞典

男女のすれ違い
検証委員会［著］

Discover
ディスカヴァー

はじめに

一緒にいると楽しい。気が合う。
この人を幸せにしたい！
この人と一緒なら幸せな人生が送れるはず。

そんな希望と期待で結婚したはずなのに、実際結婚生活が始まると、なぜか些細なことで口ゲンカになったり、すれ違ったり、ギスギスしたり……。
あれあれ、こんな人だったっけ？

本書は、そんなすれ違いを男女それぞれの「言葉」の捉え方の違いで紐解いていく本です。

同じ日本語を使っているから、自分の言いたいことが伝わっていると思っていますが、その捉え方は実は単語レベルで、男女で大きく違うのです。

たとえば、こんな会話をしていませんか？

妻 **「また靴下脱ぎっぱなし。少しは大人になってよね！」**

夫 **「わかったけど、そんなガミガミ言うなよ。君も大人になれよ」**

この場合、女性は「大人になってよ」

を「自分の身の回りのことは自分でやってよ」という意味で使い、男性は、「感情的になるなよ」という意味で使っています。

こんな例もあります。

夫 **「育児大変なんだったら、手伝うから言ってよ」**

妻 **「手伝うってどういうこと？　二人の子どもなのよ！」**

同じように「手伝う」という単語も、男性にとっては単にサポートすることですが、女性は「責任を持たない態度」と捉えるので、育児や家事について「手伝うよ」と申し出られると無責任な姿勢に捉えてしまうのです。

＊＊＊

女性は基本的には、感情豊かでよく気が利き、さまざまなことを同時進行で考えることができる生き物です。その反面、夫にも同じことを求め、「言わないけれどわかってほしい」と願い、「どうしてわかってくれないの」とイライラしがちです。また感情や気持ちを大切にするので、身近な人に「自分の気持ちがわかってもらえないこと」が、大きなストレスになるのです。

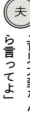

一方男性は、基本的に物事や言葉をありのままに受け取り、一つのことをやり続ける集中力があります。女性に比べてチームスポーツや会社など、縦社会の経験も多いので、結果にこだわり、合理性が大好き。勝ち負け、プライドを大切にしているので、家族など身近な人にバカにされるのは許せません。

こんなに違う男女が一つ屋根の下で暮らすのですから、すれ違って当然です。いちばんリラックスできるはずの家庭で、傷付け合い、敵のようになってしまう。

ここで大事なのは「お互いの違いを知り、お互いの長所を活かす」ということです。

本書は、わかりやすい男女の違いを例にとり、「あるある」と笑っていただきながら、夫婦のすれ違いや誤解を、ほどくお手伝いがしたいという思いでつくりました。

あなたの家庭の幸せに少しでも貢献できればこんなに嬉しいことはありません。

男女の会話答え合わせ辞典　目次

あいじょう

【愛情】

男

態度で示す愛の気持ち

どんなに愛していても、言葉にすることは滅多にない。照れ臭い気持ちももちろんあるが、口より態度で表すことこそ、本当の愛情だと考えている。

女

言葉があってこそ実感できる愛の気持ち

女性は察する能力が高いので、本当は相手の愛情の有無はわかっている。ただ、確信するために「愛している」と言いたいし、言ってほしい。

言葉と態度が釣り合ってこそ、愛情を実感できるのが女性。

態度を重視する男性 言葉を重視する女性

女性は年齢を問わずとにかく言葉でコミュニケーションをとりたい生き物です。「(妻や子どものために)働いている」「家庭に尽くしている」といった事実や態度でこそ、愛は伝わると考えている男性には、理解できないでしょうが、**妻との関係を良好に保ちたいのなら、「愛」を言葉にすることを心がけてみましょう。**特に記念日や女性が落ち込んでいるときなどは効果絶大です。

また、**たまには夫から「愛してる」と言ってもらいたい女性は、「言葉が欲しい」ということを、きちんと説明すること。**「察してほしい」ではなく説明するのは、男女のコミュニケーションの基本です。

あきらめ

【諦め】

男

悟りの境地

自分の考えと合わないことに対して、ため息をついて済ませること。それが進むと、その話題に言及しなくなる。さらに進むと、もはや思考すらしなくなる。

女

嫌悪直前の危険信号

期待していたことがかなわないことに対し、「淋しさ」↓「怒り」↓「うんざり」を経て至る心境。最終的には、「無視」「嫌悪」に進む。受け入れているわけではない。

「もうあきらめた！」にホッとする夫。いやいや、妻はあきらめていませんよ。

あきらめがよすぎる男性 簡単にあきらめない女性

妻が「もうあきらめた」という言葉を口にすると、男性は「許してくれた」とホッとしがちですが、これは大きな間違い。**女性にとっては、「怒り」を経由したのちに至る心境であり、次に来るのは、「無視」か「嫌悪」。**問題はまだくすぶっています。男性は、早めに対処するほうが身のためでしょう。

一方男性の「あきらめた」は「受け入れた」と同義です。最初は口を出していた妻の行動（たとえば、友人との長電話や、身だしなみなど）に対して、**夫から「あきらめた」という言葉が出た場合、それ以上うるさく言われることはないでしょう。**ただし、「興味を失う」の意味でもあることをお忘れなく。

あどばいす

【アドバイス】

男

ありがたい助言

するのは大好き。自分が求めた場合はされるのも好き。理論的であるほど、そして明解であるほどよいと感じている。また、受容するのは当然で、活かしてナンボのものでもある。

女

不要な口出し

世間的にはどうかとか一般的にはどうかといった「客観的判断」として時々質問するが、活かすつもりはない。活かすことを強制されると一気に興ざめする。

悩みを聞くと解決してあげたくなるのが男性のサガ。不要な場合は事前に前置きを。

的確さや論理性を求める夫 意見より共感が欲しい妻

女性が求めているのは、本気の解決策ではなく、「寄り添ってくれる姿勢」です。妻に「どう思う？」と聞かれても、基本的には相手の気持ちを肯定し、受け止めると妻は安心します。自分基準でジャッジしたり、批判するのは厳禁。そもそも女性は質問している段階ですでに答えを持っているので、一生懸命解決策を提案する必要はありません。

逆に**女性は、男性が求めていそうな的確かつ理論的な説明ができるとき以外は、アドバイスはしないほうが無難です。**中途半端なことを言ったり、安易に共感すると、逆に反感を招きます。

あまえ

【甘え】

男

わがまま・依存

「自分で行動しない」「楽をする」「怠ける」など、基本的にネガティブなもの。建前上は許せないものだが、気を許した相手に対しては、そのハードルが一気に下がる。

女

弱者の特権

弱いものが強いものに対して行うもの。若い頃は武器として存分に使える一方、年を重ねたり責任ある立場になると自分の弱さを見せられなくなり、苦手になる人が多い。

「大きな子ども」みたいな夫。これじゃ私は甘えられない。

家では甘えたい男性
プライドが邪魔する女性

家の外では「甘え」とは無縁の男性ですが、家庭では妻に自分の母親を投影して、甘えることも。ただし、度が過ぎたり、あまりにも子どもっぽい甘えが続くと「夫」ではなく「長男」扱いされてしまいます。**妻に甘えたいなら、その前に頼れる夫という信頼を得ることが大切なのです。**

プライドが高い女性ほど甘えるのが苦手ですが、そこはうまく割り切るほうが家庭生活は断然楽になります。**男性は必要とされると張り切り、「頼れる夫」になります。**ただし察することが苦手なので、甘えたいとき=助けが欲しいときは、はっきり口にしましょう。

あやまってよ

【謝ってよ】

男

「ごめん」って言ってほしい

謝罪の言葉を発するのは、反省の気持ちの最終形だと考えている。だからこそ、「ごめん」の言葉で、問題がすべて終わると信じている。自分が言われる場合も同じ。

女

「ごめん」の理由を言ってほしい

大事なのは、「何に対して怒っているのか」「何に傷ついたのか」を理解してもらうことなので、それが示されないままの「ごめん」は受け入れられない。

「ごめんって言ってるだろ！」「じゃあ何が悪いと思ってるか言ってみてよ！」

「ごめん」にすべてを託す男性
「ごめん」までの道のりが気になる女性

男性は「ごめん」というひと言で最上級の謝罪の意を示したつもりでしょうが、女性には響きません。**「ごめん」に至るその気持ちをきちんと説明することが大切なのです。**

逆に男性から「ごめん」が出ないのは、「自分から折れることができない」というメッセージ。夫がそんな態度なら、食い下がるのは時間の無駄です。**男性は折れてくれた相手を好意的に見る傾向があるので、不本意でも一旦折れておくほうが長い目で見れば結果的に得をします。**もしも自分に明らかに非がある場合は、素直に「ごめん」を口にしましょう。この言葉さえ聞けば、多くの男性はあっさり納得します。

あゆみよる

【歩み寄る】

男

イーブンに譲歩し合うこと

互いの利害を平等に分け合うことで、着地点を見い出すこと。言わば割り勘のようなもので、7：3や6：4ではなく、5：5のイーブンであるのが理想。

女

気持ちを受け止めてもらうこと

大事なのは、自分の気持ちが伝わるかどうか。気持ちさえ理解してもらえれば、意見が通らなくても不満はない。気持ちを理解されない限り、折衷案でも納得できない。

ハワイと沖縄で迷ってるのに、グアム？　距離は中間だけど、そういう話じゃないのよ。

折衷案で解決したい男性 気持ちを理解させたい女性

男性は意見の善し悪しにフォーカスしがちですが、相手が女性なら、その裏にある「気持ち」に理解を示すことから始めてみましょう。そこさえ抑えておけば、女性は素直に納得してくれるので、自分の意見を10通すこともそう難しいことではありません。

また、男性は指示されたり、コントロールされることに強い抵抗を感じます。だから夫の提案に納得できないからといって、それを否定するのは逆効果。相手を論破しようとするのではなく、指示や命令にならないよう「お願い」してみましょう。女性の願いを叶えることは、実は男性の喜びなので、この方法は思いの外うまくいきます。

ありがとう

【有難う】

男

心からの感謝

親しければ親しいほど言えない言葉。面と向かって言うのは、この上なく照れ臭いワードだからこそ、家庭内で聞かれた場合、かなりの感謝の意が込められている。

女

ちょっとした承認

言うハードルが高い言葉だとは思っていないので、言ってもらえないと自分はその価値もないのか、と憤慨する。賞味期限が短いため、何度言われても、新鮮に響く。

女性は察するのが得意。でも、エスパーじゃないので、心で思うだけでは伝わりません。

ありがとうでやる気を出す男性 ありがとうで上機嫌の女性

女性にとって「ありがとう」は何度聞いても嬉しい言葉。照れ臭さが先に立って、男性はなかなか気軽に口にできないかもしれませんが、慣れてしまえば案外簡単。**ちょっとしたことでも、その度に言うことで、妻の機嫌は間違いなくよくなります。**

「ありがとう」を言われて嬉しいのは男性も同じです。男性は気分がいいと「調子に乗る」傾向がありますが、その結果やる気が出て、**家事なども自発的にやってくれるようになります。**日々のちょっとしたことに対しても、お互い感謝の気持ちを忘れずに、「ありがとう」を伝えることで、家庭はさらに円満になります。

いかり

【怒り】

男

伝えたはずのことが守られていないときや、自分をないがしろにされたと感じたときに湧き上がる。「バカにされた」と感じると、この気持ちは最高潮に達する。

プライドを踏みにじられて腹をたてること

女

気持ちを踏みにじられて腹をたてること

一生懸命やっていることを否定されたり、努力が報われないと感じた場合などに湧き上がる。ことの重大さではなく、気持ちの踏みにじられ具合でそのレベルが決まる。

男性はプライドの生き物。他の人の前で褒められると、心は嬉しさでいっぱいに。

プライドにこだわる男性　気持ちにこだわる女性

女性は何より「気持ち」を大事にする生き物。**男性から見ると些細なことでも、気持ちが踏みにじられたと感じると、即怒りが爆発してしまいます。**感情を無視して、正論で返そうとすると、ますます火に油を注ぐことになるので注意が必要。逆に、気持ちに共感すれば、怒りの炎はある程度おさまります。

一方の男性はプライドの生き物。**自分をないがしろにされたと思うと怒りのスイッチが発動します。**夫をバカにするような態度や発言は厳禁。男性がいかにプライドを大切にしているか心に留めておくだけでも、無駄ないさかいを避けることができます。

いくじ

【育児】

男

未知のものを育てること

一緒に取り組みたい気持ちはあっても、どうすればいいのか、どこがゴールなのかもわからないため、行動に落とせず、常に手探り。そこで怒られると学ぶ気力も失う。

女

親として当然の義務

親になれば育児するのは当たり前。夫に対しても同じ態度を求める。自分だって最初からできたわけではないので、夫の「できない」なんてただの言い訳に聞こえてしまう。

最初は及び腰の男性ですが、妻は具体的に教える、夫はがんばって学ぶ。やるしかない。

育児は未知の世界にある男性
育児は「やるべきもの」の女性

令和の時代になっても、多くの男性にとって育児は相変わらず苦手分野。とはいえ、「できない」などと口にすれば、妻の猛反撃にあうのは避けられないので、教えを乞いつつ、習うより慣れろの精神でがんばるのみです。**男性がどれだけ育児に取り組むかによって、夫婦関係は劇的に変わります。**

一方女性は、男性はそもそも育児が苦手なものだと割り切ってください。つまり、**やってもらいたいなら、やり方を具体的に伝える段取りはマスト。**親なんだからやるのは当たり前だと思ってもぐっとこらえて、少しずつでも成長を促し分担していくのが、将来への投資になります。

いそがしい

【忙しい】

男

他のことが何もできない状態

たとえ頼まれても、これ以上何かすることはできないという、拒絶の意思表示、および自己防衛に使う言葉。要は言い訳である。

女

やることがたくさんある状態

女性は複数のことを同時進行でこなせるので、この状態が常。ただし、愚痴っぽくこの言葉を発する場合、「私ばっかり」という言葉を暗にくっつけている場合が多い。

女性にとっては「メールくらい」でも、男性にとっては至難のワザ。

忙しいを言い訳にする男性
「忙しいから何？」の女性

一つのことに集中しているから他のことはできない、という状況は複数のことを同時にこなせる女性には理解不能。**女性にとって「仕事が忙しい」ことと、「家庭をおざなりにする」ことはまったく別物。**「仕事が忙しい」という夫の言い訳に対し、「だから何？」と妻が激昂するのはそのせいなのです（そしてごもっともなのです）。

とはいえ、夫を感情的に責め立てたところで、仕方ありません。家事や育児をやってほしいときは、まず一歩引いて労る。そして、**洗濯や皿洗いなど、頭を使わなくても毎日ルーティンとしてできるものを夫の担当としてお願いしてみるのも手です。**

うわき

【浮気】

男

パートナー以外の人とセックスをすること

生物学上、できるだけ多くの精子をばら撒きたいのが男の本能。「浮気心」は常にある。「浮気心」で終わるか「本気」になるかは夫婦関係次第。

女

パートナー以外に心を移すこと

子どもを産み育てる性の女性は、夫との関係に不満がある場合、甘い言葉にコロリと行きやすい。逆に満たされてさえいれば必要ないもの。その分、体の関係のみの場合は少なく、本気になる可能性も高い。

どんな理由があれ、浮気をするなら最悪「離婚」を突きつけられる覚悟を。

「浮気」と「妻への愛情」を両立する男性「夫への不満」が「浮気」につながる女性

たとえ妻を愛していても、浮気ができるのが男性。けれども、女性は夫に浮気された場合、「自分への愛情がなくなった」と受け取るため、「浮気された」という事実と合わせ二重に傷つきます。つい魔が差してしまうことがあったとしてもそのリスクを男性は十分に肝に銘じておきましょう。

一方女性が浮気する理由は、ズバリ夫への不満。そういう意味では原因は夫のほうにもあるわけです。ただし、男性は浮気「される」ことへの耐性はゼロ。自己肯定感が総崩れになります。双方浮気をするなら最悪離婚もあり得る、という覚悟が必要です。

おちこんでいる

【落ち込んでいる】

男

課題に直面していて、ほうっておいてほしい状態

落ち込むには理由があり、それを解決しない限り復活できないので、安直に「大丈夫よ」などと励まされても納得できない。むしろ気分が悪くなることも。

女

気分が沈んでいて、励ましてほしい状態

落ち込んでいる原因を探られたり、対策をアドバイスされるのは嫌。ただただ、元気づけようとそばにいてくれる姿勢にこそ、愛を感じて元気になれる。

励ましたいのをグッとこらえて、自分で立ち上がるのを見守るのが、やさしさです。

ほうっておいてほしい男性
寄り添ってほしい女性

妻が落ち込んでいるときには、その感情に寄り添い、共感することが大事。味方がいる、と感じるだけで女性はホッとするので、**「どうしたらいい？」と具体的に聞いてくるとき以外は、アドバイスや解決策は必要ありません。**当然ながら分析して「お前が悪い」などと追い打ちをかけるのは厳禁。夫婦関係にまで亀裂が入りかねません。

一方落ち込んでいるときはほうっておいてほしい、というのが男性の本音。**弱い姿を見られるのも不本意なので、そっとしておくのが優しさです。**おいしいご飯をつくってあげるなどで、「応援してる」「感謝してる」という姿勢を示しましょう。

おとなになる

【大人になる】

女

自分のことは自分でできるようになること

大人とは、「他人に迷惑かけず、自分のことは自分でやれる」人のこと。身の回りのことができない夫は大人ではないので、「長男」として扱う。

男

感情的にならず冷静に対処できるようになること

「傾聴する」「いったんは抜いた刀を鞘に戻す」と同義。諭したいときなど、こちらの意見に聞く耳を持ってほしいときに使う。

だらしない夫と感情的な妻。どちらも子どもっぽいけど、よくある光景かも？

自立できない男性
冷静になれない女性

妻から「大人」と認定されるためには、身の回りのことは自分でやる、という自立が必要です。**妻は自分の母親とは違うということを男性は絶対に忘れないこと。**脱いだものを片付けない、食べ終わった食器を放置するなど、だらしない生活を続けていると妻のイライラが蓄積して、いつか爆発してしまう可能性もあります。

逆に夫から「もっと大人になれよ」と言われたとしたら、それは「感情的にならず冷静に話し合おう」という意味。**女性は感情的になると、周りが見えなくなる傾向があるので、深呼吸するなどしてとにかく落ち着きを取り戻しましょう。**

おもいだす

【思い出す】

男

出来事の記憶がよみがえること

過去を振り返ることがそもそもあまりないが、振り返ったとしても事実を確認するのみ。特に「苦しさ」「悔しさ」などの嫌な記憶は無意識に削除されていることも。

女

そのときの感情がよみがえること

過去の出来事は感情とともに記憶されているので、何かのきっかけで臨場感たっぷりに思い出す。「あのときもあなたは…!」と芋づる式によみがえるのは、そのせい。

「あなたは何でも忘れちゃう！去年の結婚記念日だって……」「またその話かよ〜」

オールクリアしたい男性 しつこく思い出す女性

女性に一度でも嫌な思いをさせたら、何度でも蒸し返されることを男性は覚悟しておいたほうがよいでしょう。 そのたびに、当時の女性の気持ちを理解し、寄り添う手間がかかるため、最初から極力嫌な思いはさせないほうが身のためです。

逆に男性は、嫌なことほどなかったことにしたいと考えているので、女性は嫌な過去を思い起こさせる言動は控えるほうがいいでしょう。 自分に起きた「嫌なこと」を何度も相手に言いたくなるのは、不安な気持ちの表れです。どうしても聞いてもらいたいのであれば、不安を抱いているという本音のほうを素直に伝えることが大事です。

かいもの

【買い物】

男

目的のものを買いに行くこと

ゴールありきで行うものなので、ウインドーショッピングを楽しむことは基本的にあり得ない。あれこれ悩むのは、自分の買い物でも、むしろストレスが溜まる。

女

心ときめくものを探しに行くこと

「買う」瞬間も快感だが、そこに至る過程も含めて楽しめるもの。なかなか決断できない場合は周りに意見を求め、会話しながら買う意思を徐々に固めていく。

「どっち？」と聞きながら、すでに決まっていることがほとんど。一緒に悩むだけで十分。

何を買うかが大事な男性
買うまでの過程も楽しむ女性

女性の買い物はそれ自体がストレス発散。 夫は急かしたり不機嫌になるよりも、妻の嗜好を観察し、次回の買い物に活かす等、合理的に考え楽しむのも一つの手。また「どちらがいいと思う？」と聞かれたら、「○○は若々しいし、△△はおしゃれだね」など、どちらともとれる回答をするのがコツ。

一方男性は買うと決めたら「ベスト」を選びたい生き物。 ある程度照準を絞ったあと、じっくり比較検討することを好むので、女性が下手に急かしたりすると機嫌が悪くなってしまいます。女性は一旦その場を離れ、別行動にするのが◯。

かいわ

【会話】

男

情報の交換

求めるのは行動に直結する内容。結論が出ないことが基本的に苦手なので、目的のない世間話や茶飲み話は苦痛に感じる。

女

気持ちの共有

たわいない話を重ねることで自分の気持ちを確認していく作業。会話の最初と最後で気持ちが変わっていることも多い。「気持ち」重視なので、正論は必要ない。

最後まで聞いてもらえるだけで満足の女性。四方八方の会話が苦痛な男性。

ゴールが必要な男性
プロセスが大事な女性

妻の話を聞くときは、内容よりも、気持ちに注意を払うこと。話があちこちに飛ぶことも、女性にとっては必要なプロセス。無理に結論に導こうとすると怒りを買うので注意しましょう。

一方男性は「ゴールのない会話」を嫌うので、夫と会話するときは、「子どもの学校を決めたい」など、まずその目的を明示しましょう。また、多くの男性はよかれと思ってダメ出しやアドバイスをしてくるので、それが必要ない場合は、「ただ話を聞いてほしいだけだから」などと、最初にそれをやんわりと制しておくこと。そうすれば、ケンカにならずに済みます。

かじ

【家事】

男

頼まれればやる家庭の仕事

最近は「家事好き男子」もいるが、基本的には女性のほうが得意な領域だと思って任せている場合が多い。やれと言われれば、やること自体はやぶさかではない。

女

やらざるを得ない家庭の仕事

家事は女性だけの仕事じゃないと思っていても、できていないと自己嫌悪に陥る。たとえ分担しても、夫のやり方に満足できず、結局自分がやる羽目になることも。

家事が面倒なのは妻も同じ。妻は「頼む」、夫は「甘えない」を徹底しては？

頼まれないからやらない男性
気が利かない夫にムカつく女性

妻が家事にテンパっていても気づいていない男性は珍しくありません。そんな様子に女性はイライラするでしょうが、男性はそもそも「察する」のが苦手。やってもらいたいときは、「これをやって」と具体的に頼めば、割と素直に手伝ってくれるはずです。**任せたなら、夫のやり方に文句は言わないこと。**残念な結果になったとしても、次のチャンスに賭けましょう。褒めて感謝で上達するはず。

男性は、手伝わなくていいと言われたからと言って、自分はゲーム等で楽しんでいると、地雷を踏むので、**家事が不得意なら子どもの面倒を見るなど、自分ができる家族のための仕事をするのがおすすめ。**

かせぐ

【稼ぐ】

男

働いて周囲を満足させる額のお金を得ること

文句を言わせないほど十分にこれができれば人生も夫婦関係もすべてうまくいくと信じている。逆に問題が起こるのは、これが不十分なせいだと思っている。

女

生活するお金を得ること

もちろんお金はあるに越したことはないが、それですべてが解決するわけではないと思っている。男性に対しても、ある程度は求めるが、他の資質も大切に考えている。

妻が望むのは収入だけでなく、「家族を大切にしてくれること」。

プライドをかけて稼ぐ男性 稼ぎだけが欲しいわけじゃない女性

自分が稼いでさえいれば、妻は満足するというのは男性の思い込み。稼ぎのいい夫を持っていることと、満たされていることとは必ずしもイコールではありません。当然ながら、「稼いでいる俺に文句を言うな」的な言動など論外です。

逆に女性は、男性にとって「稼ぐ」ということは自己の証明であり、そこにプライドをかけているのだということを理解しましょう。他の家庭と比較したり、張り合ったりするのは、冗談のつもりでも絶対NGです。

お互いにそれぞれの仕事や家事を認め、折に触れて感謝の言葉を口にするようにしましょう。

かぞくさーびす

【家族サービス】

男

家族のための自己犠牲

家族のために特別にがんばるという気持ちからの言葉。とはいえ、仕事で疲れているときは、ねぎらいと感謝の言葉がほしいというのも本音。

女

やって当然の家族とのレジャー

そもそもこの言葉自体に嫌悪感あり。自分は当然のこととしてやっていることを、わざわざ「サービス」などと呼ぶなんて、理解できない。

「渋滞の運転だってがんばるよ。だから、パパありがとうって言ってくれよな！」

家族サービスで疲弊する男性 家族サービス不足に怒る女性

男性は妻の前で、「家族サービス」という言葉を使わないこと。特に平日妻に育児を任せている場合は、休日は自分が育児を引き受けて妻が休めるようにすれば、思った以上に感謝されるはず。ただし、自己満足で終わらないように、妻や子どもの希望を聞くことも大切。もちろん、自分も疲れているなら、無理する必要はありません。

女性は、休日はゆっくりしたい夫の事情や気持ちを理解することが大前提。休日も家族を楽しませようとしているときは、その気概を買って、完全に任せるか、それが不安なら「本当にやってほしいこと」を「明確に」お願いするようにしましょう。

かたがき

【肩書き】

男

自分自身の価値を左右する社会における地位

自分のステータスを確認できるもの。会社などの縦社会に馴染んでいる男性にとって、役職が上がると自分の価値も上がるという意識が染みついている。

女

その場に応じて使い分ける役割

女性は「妻」「母」「会社員」など、さまざまな肩書きを使い分けるので自分自身のそれにはあまりこだわりがない。しかし、夫や子どもの肩書きは気になるのが本音。

男性がアピールしてきたらほめる、それ以外は無関心を装うのが、女性の態度として最適。

肩書きで自己評価も決まる男性
男性の肩書きがこっそり気になる女性

よくも悪くも男性は肩書きにこだわります。顔には出さなくても今の肩書への不満を燻らせている場合もあるので、基本的には家庭であまり触れないほうがいいテーマだと言えるかもしれません。**特に夫が出世街道まっしぐらのタイプでないなら、女性は本音を隠し、肩書きになど大した価値を見い出してないという態度を見せるほうがよいでしょう。**あからさまに不満を漏らすと、夫のプライドはズタボロになります。男性を卑屈にさせていいことは何もありません。逆に自分の肩書きに誇りを持っている様子なら、とことん持ち上げると、ますます上を目指すようになってくれます。

かちかん

【価値観】

男

生きる上での判断基準

対象となるのは、人生観にも関わるような、親との距離感、子育ての方針、お金に対しての考え方など。他人である以上、多少のズレは当然あるものと理解している。

女

生活する上でのルール

寝るときのエアコンの温度設定、収納へのこだわり、ゴミの分別など、生活のすべてが対象になる。結婚生活が長くなるほど、ズレが大きいことがストレスとなる。

「後の人のこと考えず、トイレの蓋開けっ放し。あなたとは価値観が違いすぎるわ！」

価値観の違いには寛容な男性 価値観の違いが愚痴になる女性

妻から「あなたとは価値観が違う」と言われると男性はドキッとするかもしれません。

ただ、**女性が言う価値観とは、生活上のルールという意味合いが強く、たとえば、帰宅後すぐに着替えるか否か、というレベルのこと。**重大な事態に発展する可能性は低いのですが、女性に大きなストレスを与える原因であることは、しっかり理解しておきましょう。

一方男性が価値観の対象にするのはもっとスケールが大きいものですが、許容範囲も広いので、その違いはあまり気にしません。その分、「価値観が違う」という言葉が夫から出た場合は、かなり深刻な状況なので、早めの対応を！

かちまけ

【勝ち負け】

男

絶対的な優劣

子どもの頃からの命題。「勝ちたい」「負けたくない」という気持ちは、些細なことであろうと、相手が子どもであろうと、おかまいなしに発揮される本能的欲求。

女

その場の単なる順位

基本的にはそれほど勝ち負けにこだわらず、その場の空気を重視する。ただし、自分の主張や価値観が認められない場合、急に「勝つ」ことへの強い欲求が生まれる。

負けるのが許せないのが男性。ちょっとしたことなら「負けるが勝ち」がおすすめ。

とにかく勝ちたい男性 受け入れられれば穏やかな女性

女性は基本的には「調和」や「共感」「場の空気」を大切にするので、それほど勝ち負けにこだわりません。しかし、**自分の存在を否定されたり、気持ちを踏みにじられたりすると、怒りの感情から攻撃的になることも。**「気持ちに共感する」を基本に対応すれば大惨事は防げるはずです。

また、**男性は相手が誰であろうと「負ける」ことが許せない生き物。**だからこそ、子どもを相手にしたときでさえ、とことん本気になるのです。もはやこれは本能なので、まともに争うのは時間の無駄。女性のほうが賢く一歩引いて、「負けるが勝ち」の姿勢でいることをおすすめします。

がまんする

【我慢する】

男

見返りを求めず耐えること

自分の意見を言わず、いわば貝になる状態。心の中で不満を燻らせている場合もあるが、「我慢する」と決めた以上、それを口にすることはあまりない。

女

報われるべき自己犠牲

いったん引き下がったように見えても、本心を察してくれること、いつか報われることを期待している。ときに我慢していることをアピールすることもある。

「我慢しなくていいのに」と夫が言うなら、妻もやりたいことを伝えるのが◎。

我慢は「結論」である男性
我慢は「ふり」である女性

妻が「我慢する」と言った場合、本当は不満でいっぱい。夫からの「我慢させて申し訳ない」という謝罪の言葉や、何かしらの埋め合わせがなければ、機嫌は直らないと考えたほうがいいでしょう。大事なのは、「我慢が報われた」と感じさせることなのです。

一方男性にとって「我慢」とは、その問題はここで終わらせる、と同義。夫が「我慢する」という言葉を口にしたら、「本当に大丈夫？」などとしつこく気を遣うと逆にイライラさせることに。なお、**本心でないのに「我慢する」という言葉を夫に発してしまうと、それでいいのだと思われてしまうので要注意。**しなくていい我慢はしない決意を。

かわいい

【可愛い】

男

守ってあげたいものへの感情

面倒を見てあげたくなるような、どこか弱さを感じさせる人やものに使う。女性に対して使う場合は、自分のほうが上、という意識が根底にはある。

女

自分の琴線に触れたときの感情

「素敵」「美しい」など、心動かされたものに対して幅広く使う。「キモかわいい」などの派生語も。自分が言われる場合は、相手次第で嬉しいかどうか決まる。

女性の「かわいい」は男性には理解不能。感性を定義しようとするだけ無粋かも！？

かわいいは褒め言葉の男性 かわいいに裏を読む女性

男性が発するその言葉の前提に「上から目線」があることを多くの女性は知っています。相手のタイプや状況によっては、褒めたつもりが「バカにしてるの!?」「失礼な人」と、思われる危険もあるので、くれぐれも注意してください。

「かわいい」と言われてイラッとしてしまう女性は、男性のその感覚を利用するのも賢い打開策です。「守ってあげたい」と男性が思っているということは男性の助けを得られることであり、結果的には得。

なお、「かわいい」の守備範囲は女性のほうがかなり広めであることは、男性は覚えておくほうがよいでしょう。

がんばる

【頑張る】

男

結果を出すための努力

試合での勝利や志望校への合格、会社での昇進など、結果を求めての行動。家庭内では承認や感謝がモチベーションになる。結果が伴わなかった場合は激しく凹む。

女

プロセスのための努力

何かに向かって行動するというプロセスに価値を見い出すので、他人にも気軽に「がんばって!」と励ますことが多い。結果が伴わなくても満足する場合も。

「がんばったのに」悔しがる2位の男性と、3位でも「がんばった自分」に満足の女性。

結果にしか意味がない男性 プロセスも大切な女性

女性が認めてほしいのは、結果よりプロセス。男性は「結果につながらなければ意味がない」と考えがちですが、結果がどうであれ、**まずは「がんばったんだね」と認めることが大切です。**そこを無視すると、どんな言葉も逆効果です。

また女性は、**男性が常に「結果にこだわっていること」、そして、結果が出た場合には「大いなる承認を求めていること」を理解しましょう。**結果が出て喜んでいるときは「やったね！ すごい」と認めて、一緒に喜ぶこと。逆に結果が出ずに落ち込んでいるときは、下手に励まさずそっとしておくのが得策です（→P34「落ち込んでいる」参照）。

きたいしない

【期待しない】

男

要求や関心がない状態

相手や出来事に対して「なんとも思っていない」ことを示す。男性が「君には期待していない」と言う場合、すでに眼中にない場合が多い。「あきらめ」の一歩手前。

女

一縷の望みにかけている状態

言葉とは裏腹に「わずかな望みを残していること」を示している。ただそれが叶わない可能性が高いこともわかっているので、静かに怒っている状態でもある。

言葉通りに受け取るのが、男性。「期待しない＝奮起してほしい」の翻訳なんて、無理！

すでにリセットしている男性「期待」を残したままの女性

「毎日手の込んだ料理なんて、期待してないよ」と夫が言った場合、「下手だからやらなくていい」と突き放されているように女性には伝わります。そのつもりがないなら、「毎日手の込んだ料理ありがとう。でも、大変なら手抜きしてもいいんだよ」などに必ず言い換えること。逆に、**女性が「期待しない」と言う場合は、男性は「話は終わった」と早合点せず、真意を聞く努力をしましょう。「期待されない」という状態は、男女関係なく切ないもの。**特に女性は相手の奮起を期待して「期待しない」と言ってしまいがちですが、それは逆効果。本音は率直に伝えるほうが、お互いのストレスになりません。

きづかい

【気遣い】

男

全体のために礼節を重んじる行動

全体の状況を見ながら、みんなが心地よくなるような先回り行動であり、対外的な挨拶や礼のような「よそ行き」のもの。家族や親しい人に対してはサボることが多い。

女

全体のために心地よさを重んじる行動

周りの人の気持ちに敏感な女性にとっては、自然にできるもの。ときには過剰になり、疲れてしまうことも。自分だけに向けられた特別な気遣いには感激する。

「釣った魚」にも、エサをあげること。釣られてくれたことへの感謝を添えて。

愛と気配りは別である男性
気配りに愛を感じる女性

「釣った魚にエサをやらない」男性は多いですが、それでは女性を傷つけるだけ。つまり、**妻だからこそ、みんなと同じではなく、ほんの少しでもいいので、気配りの上乗せをすることが大事なのです。**女性はいくつになっても、特別扱いをされることで幸せを感じることを忘れないでください。

逆に女性は、夫の気配りのなさを、愛情のなさだと勘違いしないこと。男性は、女性のように全体の雰囲気や人の気持ちを察するのが苦手。だから、**気を許した相手には、あえて気を遣わない傾向があります。**たまには気配りがほしいという場合は、はっきり希望を伝えましょう。

きねんび

【記念日】

男

重要な出来事があった日

過去の話は、単なる思い出。大事な出来事があった日とは思っているが、今につなげて考えることはない。ゆえにすぐ忘れる。

女

大事なことを思い出すための日

自分がこれまで歩いてきた道のりを振り返るのが大好き。ゆえに、重要なことが起きた日のことは忘れないし、特別な日を思い出したいという思いがある。

率先してカレンダーに書き込むのがおすすめ。安心して当日忘れないよう注意。

「過去よりも未来」と考える男性
「過去があっての今」と考える女性

男性がおざなりにしがちな記念日ですが、この日の過ごし方を間違わなければ、妻が日常の不満をさっぱり水に流してくれる可能性があるので、有効利用しない手はありません。**女性が求めるのは、普段足りない分のコミュニケーションなので、記念日には会話を大事にすることを心がけましょう。**これだけで、その後の穏やかな日常が約束されます。

また、夫が記念日を忘れていたとしても、愛情の深さとは無関係です。**忘れたことを怒るより、自分が満足できるような記念日の過ごし方を提案するほうが建設的。**近い「未来」なら、夫の興味を引くことができます。

きぶん

【気分】

男

一時的な感情の揺れ

内面の感情を見せないのは比較的得意なので、行動などを左右するものではない。特に仕事などオフィシャルな場面では感情を出すべきではないと思っている。

女

すべての行動に影響が及ぶ感情の起伏

女心と秋の空と言われるように、そもそも変化が激しいもの。その影響は性格だけでなく、体調にまで及ぶ。その分、いい気分になったときのパワーも絶大である。

か

女性の気分に振り回されて、「外の人」に迷惑をかけるのは男性のもっとも避けたいこと。

気分のコントロールが得意な男性 気分をコントロールできない女性

女性の気分に振り回されるのは耐え難いと考える男性は多いでしょうが、女性の気分はホルモンにも影響されるため、それをコントロールするのは男性よりずっと難しいのだということをまずは理解すること。そのうえで、**気持ちに寄り添い、広い心で受け入れましょう。**

また、**女性は、「感情に飲み込まれない」ように心がけること。**そのためには自分で自分をご機嫌にするにはどうしたらいいか、何があるとイライラしてしまうのかなどきちんと把握し、対策を事前に練っておくと、自分も周囲の人も楽になれます。

きょうりょく

【協力】

男

労働を対等に分担すること

単に「手伝う」ことではなく、イーブンに労働力を出し合うことを指す。また、互いに全力を出し切ってこそ、成り立つものでもある。

女

気持ちを分担すること

労働力の提供より、心と心が通じ合っているかが大切。よって、一切体を動かすことがない単なる応援も、「協力」に含まれる。

一緒に考えてるから協力しているつもりの妻、「俺ばっかりやってる」と不満な夫。

動いてこそ、「協力」である男性 寄り添えば「協力」である女性

家事の分担などで妻に協力したいと思っていても、時間的にどうしても難しいという男性も多いでしょう。そういう場合はせめて**「大変なことなのに君に任せきりになっていて申し訳ない」という気持ちを表明しましょう。**大変さに共感してもらえるだけで、女性は気持ちが落ち着き、「協力」の一つの形として理解してくれる可能性もあります。

夫の協力が欲しいときには、「洗濯物をたたんでほしい」など具体的に言葉にするよう女性は心がけること。また、夫に「協力する」というと、それなりの労働を求められます。動く気がないなら、「応援」という言葉を使いましょう。

ぐち

【愚痴】

男

自分の弱さをさらけ出す愚かな戯言

「弱いところを見せること」＝「情けないこと」なので、仲間内でのみさらけ出し合うことが多い。強く見せたい相手・負けたくない相手の前では決して口にしない。

女

自分の弱さをさらけ出し共感・同情を誘う手段

不満や困ったことを共有することにより、仲間意識を醸成しようとしている。また、気を許した人に話すことにより、ストレス発散している人も多い。

夫が愚痴を言わないのは妻を信頼していないわけではない。強制はNG。

弱みを見せたくない男性
不満に共感してほしい女性

妻が愚痴を言い始めたら、男性はひたすら「大変だねえ」と共感しましょう。間違っても真面目にアドバイスしたりしないこと。解決策のないことを聞き続けるのは苦痛かもしれませんが、それで妻の気持ちはスッキリするのです。また、女性は信頼する人にしか愚痴を言わないので、妻に信頼されていると思うとポジティブに聞けます。

逆に女性は、夫がつらい気持ちを言ってくれないことに気づくと、自分が信頼されていないのではないかと落ち込む人もいますが、その心配は不要です。**弱みを見せたくないのが男性の性。**無理に聞き出そうとせず、さりげなく労い、感謝を伝えること。

けっこん

【結婚】

男

日常のスタート

恋愛の延長線上にあると思えるのは最初だけ。甘い恋愛から、責任と覚悟を持つ日常生活のスタート。その現実を淡々と受け入れる。

女

理想のゴール

その思いが強かったからこそ、その後の落胆も大きい。日常生活になり、理想と程遠い現実が目の前に見えてくると不満のほうが大きくなりがち。

結婚してリラックスしたい夫と、キラキラしたい妻。さあ、どう折り合いをつける？

現実と折り合いをつける男性
理想にしつこくこだわる女性

淡々と現実を受け入れる男性と違い、女性はかつて描いていた理想の「結婚生活」を引きずっています。そのため、理想とは程遠い毎日に不満を抱えている可能性大。完全にあきらめてしまうと、夫の扱いも雑に。それを防ぐためにも、誕生日や記念日には恋人時代のような甘い演出を心がけましょう。

女性は家事よりも子育てよりも、自分がいかにご機嫌でいられるかに全力を注ぐことが大事。また、「夫はこうあるべき」という理想を押し付けるのではなく、「こうしてくれたら嬉しい！」という「お願い」の形にするほうが、男性はやる気を出してくれるので、結果的にうまくいきます。

けんか

【喧嘩】

男

相手を倒すための闘争

ケンカになった瞬間に、男性が発揮するのは闘争本能。相手を倒すことにフォーカスしてしまうため、雨が降っても地は固まらない場合が多い。

女

思いを伝える手段

あくまでもコミュニケーションの一つなので勝ち負けにはこだわらない。「私の気持ちをわかってほしい」が根底にあることが多い。

お互いが「勝ち」にこだわりすぎると家庭は仁義なき戦場へ。

勝つことにこだわる男性
気持ちをぶつけたい女性

女性がケンカをふっかけてくるのは、「淋しい」「理解してほしい」というメッセージであるケースがほとんどです。それを無視して相手を負かそうとすると修羅場になるので、男性は冷静に「妻の気持ちを聞く」ことに集中すること。なお、女性は言われたことを忘れないため、**感情に任せて妻の人格を否定するようなことを言ってしまうと、一生根に持たれてしまいます。**

女性は感情で突っ走ってしまいがちですが、「ケンカ」は夫の攻撃性に火をつけるだけ。文句を言う前に「じゃあ私はどうしてほしいのだろう？」と考え、望むことを伝えるほうが理解してもらえるでしょう。

ごうこん

【合コン】

男

女性との楽しい飲み会

基本的には様子見の場。勝負があるとすれば、もう一歩踏み出せるかどうかという自分との勝負。男同士のチームワークもあり、狙った女子を譲り合う精神もある。

女

良いご縁を見つける場

本気で出会いに期待している。内心では他の女性にライバル心を燃えたぎらせているが、そう見られないよう細心の注意が払われる。相手が期待外れの場合は女子の懇親の場になる。

「その場のノリ」になりすぎず、「本気」になりすぎずが、楽しい合コンの秘訣！？

合コンは飲み会の一種の男性
合コンで一発逆転を狙う女性

たとえ表には出さなくても合コンに「本気の出会い」を求める女性は少なくありません。だからこそ、既婚なのを隠して参加したり、遊び目的で甘い言葉をささやいたり、同じ場にいた女の子を二股かけたりすれば、大きなトラブルに発展するのは必至。**恋愛に発展するかは別としても、良いご縁になるように振る舞うことが合コンの鉄則だと心得ましょう。**

女性は、いい人を見つけようなどとあまりガツガツしていると、途端に相手に引かれることに。**一緒にいる時間を楽しく過ごすことを目的に参加するほうが、結果的にいい縁に繋がります。**必死になりすぎると、女友達との友情にもヒビが入りかねないので注意して。

ごうりせい

【合理性】

男

何より優先すべき物事の道理

仕事で常に求められるため、決して無視することができない。感性や気分によって、これが失われることは受け入れられない。

女

非現実的で小難しい屁理屈

仕事の場などでは重視することが大切だと感じているが、人間関係や家庭において持ち出されると憤慨する。理論的には正しくても現実には使えないと思っている。

感性重視の女性にとっては自明の理でも、男性にとっては理解不能でストレスになることも？

気分より合理性の男性 合理性より気分の女性

結果にこだわる男性は効率性や合理性を重視しがち。ただし家庭生活にまでそれを貫こうとすると、気分の善し悪しを重視する妻をうんざりさせるだけ。遊びや旅行など、合理性を無視することでこそ楽しさが広がるものはたくさんあります。**プライベートでは無駄を楽しむ、くらいの余裕をもつと新たな視点が広がります。**

逆に女性は、合理的でないことは男性のストレスの元になることを理解しましょう。そういう意味でもたとえば**家事の分担などを提案する場合も「合理化したい」と相談してみるのはおすすめ。**「私の身にもなって」などと感情に訴えるよりはるかに効果的です。

さっする

【察する】

男

辞書にないこと

そもそもその能力も習慣もなく、必要性も感じていない。妻に責められると、それに似たことをやろうとするが、まったく的外れである場合が多い。

女

人の心中を推測し、思いやること

状況や発言から相手の気持ちを想像するのは当然のこと。そんな簡単なことが夫はなぜできないのか、まったく理解できない。

男性にテレパシーを送っても無駄。はっきりと「洗濯物取り入れて」と伝えるのが◎

察する習慣がない男性
それでも察してほしい女性

妻が不機嫌なときや愚痴や弱音を言ってきたときには、何かを求めています。大事に思ってくれているなら察してくれるはずと思いがちなのが女心。その場合、下手に動いても外れることが多いので**「理解したいけれどわからないから教えてほしい」と、伝えることで、問題が解決することも。**

一方**女性は、お願いされていないのなら手を出さないのが男性のルールだと理解すること。**逆に言えば、やってほしいことを率直に伝えたら、すぐ動いてくれる男性は多いはず。「～してもらえたら嬉しい」と「私」を主語にした言い方なら完璧です。

さみしい

【淋しい】

男

自分を理解してもらえないときの感情

自分の考えを理解してもらえないのが最大の苦痛。理解してもらえないならば、いっそ一人でいたほうが、穏やかになれる。

女

いつも隣にある感情

特に理由がなくてもふとそんな気持ちになることのある感情。「さみしい自分」を認めたくないときは気づかないふりをすることもあるが、本当は感じているのに、気づいていない場合もある。

外は敵だらけ、やっと帰ってきたと思ったら、家にも敵が…！？

妻の無理解が淋しい男性 わけもなく淋しい女性

女性の「淋しさ」には、原因不明のものも多く、意味もなく淋しい、ということさえあります。男性よりその気持ちに敏感であることも理解して、**女性が「淋しい」という言葉を口にするときは、理由を聞き出そうとするより、側にいることを優先してください。**

男性は、「外に出れば7人の敵がいる」ことには耐えられても、**いちばん身近な妻が「自分を理解してくれない」ことには猛烈な淋しさを感じます。** 絶対的な味方、最高の理解者を得ているという安心感があってこそ、日々がんばることもできるのです。くれぐれも妻がいちばんの敵、とならないよう気をつけて。

しあわせ

【幸せ】

男

不満がないこと

この言葉について、女性ほど考えたこともないし、こだわりもない。収入や家族状況などが世間一般の基準を満たすことくらいしか判断基準を持たない。妻や子どもが幸せそうなら自分もそう感じる。

女

よい感情の積み重ね

おいしいものを食べたり、好きなことをしたり、きれいなものを見たときに、しみじみ感じる。よい感情を生むものであれば、小さなことの中にも見い出すことができるもの。

さ

なんでもない日に、感謝を花束で伝えられる。女性の考える幸せの一つです。

「幸せ」を状況に見い出す男性
「幸せ」を感情に見い出す女性

女性の「幸せ」は、感情に起因しています。だから、小さなことにも「幸せ」を感じることができます。なんでもない日に花やケーキを買ってきてもらえるだけでも心がハッピーに。そんな**小さな幸せが繰り返されることで、多少不満はあったとしても「なんだかんだで私って幸せかも」と満足。**

一方、幸せの定義がイマイチピンとこない**男性は、不満がなければ大体幸せだと考えています。**「不満がない」状態も、感情より状況を重視し、「仕事がうまくいっている」「妻と子どもが元気だ」などを根拠とすることが多いのです。

しごと

【仕事】

男

何かを成し遂げるための手段

お金を稼ぐため、自分の価値を高めるため、成長するためなどの目標に向かってすべきこと。ゲームを攻略するように熱中する人も。好きか嫌いかなどは二の次。

女

やりがいを感じるための手段

基本的には男性と同じくお金を稼ぐためが第一義だが、「やりがい」を重視する傾向がある。「お礼を言われる仕事」「自分しかできない仕事」に憧れる。

「趣味のパンづくりでお店をオープン」は実に女性らしい仕事。男性もそうなる時代？

仕事は「家族のため」にできる男性
仕事は「自分のため」にしたい女性

仕事上の悩みや弱音をあまり吐きたくない男性。そこに女性が気づかないと、「好きで仕事をしている」と解釈してしまう場合があります。そのため、「仕事なんだから仕方ないだろ」と、言い訳すると、「自分の時間が最優先」という意味に受け取られる可能性があり、そんな誤解を避けるためには、「家族が一番大事だからこそ……」と枕詞をつけるとよいでしょう。

一方**女性は、仕事でも結果（得るもの）よりプロセス（内容そのものや職場の環境）を重視します。**趣味や特技を生かした「自分らしい」仕事や働き方を探す流れは、共働きが増えた今、男性にも広がりつつあります。

しっと

【嫉妬】

男

人に見せたくない怒りの感情

勝ち負けにこだわる男性は自分が負けていることを認めたくないので、無言になったり、怒りの形で表れることが多い。その頻度は女性より低いが、対象は同性、異性問わない。

女

つい見せてしまううらやましい気持ち

つねに周りと比較しながら生きる女性にとっては身近な感情。「自分が持っていないものを持っている人」への軽い憧れや羨望の気持ちも含むので、ついそれを言葉にしてしまう。異性より、同性に対して抱きやすい。

ちょっとヤキモチを焼かせたい妻、夫はニコニコしているがその内心は！？

嫉妬は見せたくない男性
嫉妬で愛を試す女性

女性が誰かに嫉妬するのは、自分に何かが足りないと思っているせいなので、「今の君がいちばんだよ」という言葉で安心させてあげましょう。また、女性は男性の嫉妬心を煽るような言動をすることがありますが、それは自分への愛を試したいから。そんなときは、**あえて嫉妬しているそぶりを見せることも、夫としての優しさです。**

逆に女性は、夫の嫉妬心を煽りすぎるのは考えもの。男性は勝ち負けを非常に気にするので、**「嫉妬する自分＝負けている」と認識し、激しい怒りが自分にそんな気持ちを抱かせた妻に向かう場合があるからです。**

じぶんのかんがえ

【自分の考え】

男

他人と違って当たり前のもの

本当にそれを吐露すれば、他人と対立するのは必然。自分の考えはいつも正しいと思っているが、対立を避けるため、ぶつけ合うことはあまりない。

女

他人と違うと不安になるもの

常に共感されることを望んでいるので、周りと同調しているかが気になる。受け入れられないことは恐怖であり、周囲に流されることも多い。

「みんな小学校受験してるみたい」「それで君の考えはどうなの？」

自分の考えに自信がある男性
自分の考えを否定されると傷つく女性

たとえ納得できないものでも、妻の考えは「君はそう思うんだね」と、一旦受け止めましょう。「それはおかしいんじゃない？」などと言うと、女性は自分自身が否定されたと感じて傷つきます。少なくとも全否定は避け、冷静に話をするのが、互いが納得する結論を得るためのコツ。

一方女性は、「正しい」「正しくない」という論点での議論は避けること。自分の考えが正しいと思っている男性に対し、「こちらのほうが正しい」と議論しても、泥沼化するだけです。「私はこうしたい」と希望を伝える形にすれば、聞き入れられる可能性は高まります。

じぶんのじっか

【自分の実家】

男

安住の地

幼少期から慣れ親しみ、自由にのびのびと好き勝手できる場所。勝手知ったる場所なので、心から安心できる。妻の機嫌は気になるがそれでも一緒に帰りたい場所。

女

ストレスもたまる古巣

基本的には頼れる場所。ただし、長居すると知り尽くしている関係性ゆえのトラブルやストレスもある。できれば夫を伴わずに帰りたい場所でもある。

さ

至れり尽くせりの実家でくつろぐ男性、なんとなく気ぜわしい女性。

実家には妻を同伴したい男性
実家には夫を伴いたくない女性

嫁である限り、夫の実家では女性は何かと気を遣っているもの。楽しんでいるように見えたとしても、自分と同じように寛いでると思ったら大間違いです。それを当たり前だと思ってしまうと、妻の不満が突然爆発するので、感謝の気持ちは忘れないこと。また、実家との約束は勝手に決めず、まずは妻に相談してみることも大事です。

女性は、実家を頼りすぎて、夫を蚊帳の外にしたり、そこで夫の愚痴を言いまくらないよう注意。妻の実家から夫が遠ざかってしまいます。そうすると、実家で何か問題が起きたときに夫の協力が得られなくなるので、くれぐれも注意しましょう。

じぶんらしさ

【自分らしさ】

男

周りに合わせないこと

我流でやること、自分のしたいようにすること、守りたいものは譲らないこと。ただし、仕事やスポーツなどチームプレイが求められる場では、抑えるべきもの。

女

ありのままでいること

無理をせず、自分を飾ることなく自然に振る舞うこと。それが発揮できる状況が幸せであり、自分だけが知っている本当の自分の姿。

「ありのままの〜♫」こんなに女性に受けるのは、普段「ありのまま」でないからかも？

「自分らしい＝わがまま」の男性「自分らしい＝幸せ」の女性

「アナと雪の女王」の「Let it go」の大ヒットが示すように、**女性にとって「自分らしくいること」＝「ありのままでいること」は幸せの大前提。**ただし、「ありのままの自分」はあくまでも本人だけが知っているもの。勝手に決めつけたイメージで「君らしくない」などと言ってしまうと、「私らしいって何よ！」と地雷を踏むことになるので注意しましょう。

一方男性にとって「自分らしさ」とは、わがままと紙一重のもの。女性が「自分らしさ」を声高に叫ぶと、自分勝手な印象を与える危険性があるので、「私はこうしたい、こうありたい」という伝え方をすることが大切です。

しゅっせ

【出世】

男

名誉と権力を身につけること

そのためにどれだけ犠牲を払えるかは個人によるが、自己実現に直結するモチベーションとなるもの。仕事をゲームのように捉える男性にとってはレベルアップのような楽しいもの。

女

責任が増えること

名誉や権力に男性ほど興味がないので、責任が重くなる昇進は特にほしいものではない。それよりは安定やお金を求める。自分ではなく夫の出世を望む場合もある。

夫の出世を手放しで喜べないのが妻の本音。忙しくなって家庭は？お給料は増えるの？

出世は「レベルアップ」である男性
出世は「複雑」でもある女性

男性は、自分が出世すれば妻は喜ぶと思いがちですが、家庭をないがしろにしている場合には、妻の反応はシビアかもしれません。いずれにしろ、出世が自分だけの努力の結果だと自負せず、家族の支えに対する感謝の言葉を強調しましょう。

多くの女性は出世や昇進によって自分の責任が増えすぎることに躊躇します。夫が出世した場合も複雑。「出世したら当然給料上がったんでしょうね」と思うかもしれませんが、お金に直結しない昇進もあります。夫が喜んでいるなら、一緒にお祝いしましょう。家庭でも認められると、出世一筋の仕事人間になってしまうリスクは減るでしょう。

しゅみのじかん

【趣味の時間】

男

忙しくても確保すべき自分のための時間

仕事や家庭の息抜きとして不可欠だと思っているので、なんとか確保しようとする。お金がかかることもあるが、そこを理解されなかったり非難されると不快。

女

忙しいと後回しになる自分のための時間

楽しいものであることは間違いないが、仕事や育児に追われるとつい後回しにしがち。特に子どもが小さいうちは「趣味＝育児」になりがち。

夫婦双方にとって息抜きの時間は必要。お互い尊重しあえる関係が理想。

趣味を何より優先したい男性
趣味は楽しみの一つの女性

男性は、一つのものに熱中すると他が見えなくなってしまいがち。仕事や家庭から解放され、自分の世界に没頭したり仲間と交流したりするのはよいことですが、家庭円満のためには、家族の理解が不可欠。**趣味に没頭したあとは、家事をしっかり手伝うなどの心配りを。**また、妻にも同様の時間をつくることも大事です。

また、女性は、男性が趣味の時間を大切にしていることを理解しましょう。「昼間は好きにしていいけど、夜は子どもをお風呂に入れてね」などと、両方にとってメリットのある提案をしては？　**自分も夢中になれるものがあれば、夫の趣味にも寛容になれます。**

しょうじきにはなす

【正直に話す】

男

包み隠さずすべてを話す

隠し事をせず、すべてを打ち明けること。その事実によって相手が傷つくとしても、隠すことのほうが罪だと考える。

女

嘘をつかずに話す

本当のことを言うことより大事なのは、相手を傷つけないこと。確かに嘘はつかない。でも、すべてを話しているわけではない。

女性の「怒らないから正直に言って」を真に受けると、大変なことに。

嘘をつくことに罪悪感をもつ男性 傷つけることに罪悪感をもつ女性

女性の「正直に言って」という言葉には、「私が傷つかない範囲で」という無意識の本音が隠れています。**どんなに詰め寄られたとしても、妻が傷つくことが避けられない事実は、決して口にしないこと。**たとえバレバレだとしても、妻を思いやるのなら、墓場まで持っていく覚悟で、嘘をつくほうがまだマシです。

女性は、相手を傷つけない事実だけを打ち明けようとしますが、男性はむしろ「嘘をつかれた」ことに傷つきます。女性には勇気が要ることですが、隠し通せる自信がないのなら、事実をありのままに伝えるほうが傷は浅く済みます。

しんよう

【信用】

男

人間として尊重されるための社会的な価値

自分の存在や地位を担保するものなので、仲間内や会社、取引先との間では特に大事にしている。「信用できる人だ」は、最高の褒め言葉。

女

信じるに足りること

あるに越したことはないが、それほど重視していない。夫のことは基本「信用している」と言えるが、直近の行動や気分で比較的簡単に覆される。

「よきパパ」としての信用も積み重ねが大事。女性もおおらかに見守りましょう。

「信用」されないと傷つく男性
「信用」は状況次第の女性

女性にとって「信用」とは、「信頼」に近い意味。しかも、勝手に「期待」も上乗せしているため、**自分の期待にそぐわない場合、「もう信用できない！」とキレることも珍しくありません。**ただし、男性が思うほど、深い意味はないのであまり気にしないこと。「期待通りでない」ことを非難しているに過ぎないので、「君の期待に沿えなくてごめんね、次はがんばるよ」と答えておけば大丈夫です。

逆に**女性は、軽い気持ちで「信用できない」という言葉を夫に投げてはいけません。**それは、男性にとって、全否定されるに等しい屈辱的な言葉であることを忘れないこと。

すき

【好き】

男

その場では嘘ではない好意

瞬間的な感情であり、その瞬間は永遠に続くように思うが、そうだとは限らない。性的衝動と切り分けることが難しい感情でもある。

女

継続性のある好意

恋愛経験が少ないほど神聖視する傾向があり、ある程度の時間をかけて育まれるものである。異性だけでなくさまざまな対象に向けられる感情。

女性にとって「好き」はとても大事な言葉であることを男性は忘れないで！

「好き」が瞬間的な男性「好き」は継続する女性

女性にとって、「好き」という言葉は、絶対的なもの。性的衝動に駆られたときなど、その場限りの感情で口にすれば、あとで大きなしっぺ返しを食らうのは確実です。その分、**本当に大切にしたい女性には毎日でも伝えることが大事。**女性は言葉で伝えてもらいたい生き物。そして「愛されてる」という確信は女性のエネルギーになるのです。

一方男性は、「一瞬だけの好き」を知っているため、言葉での「好き」を重視していません。**「好き」と言われなくても、「結婚している」「家族のために働いている」などの事実があれば、十分愛されています。**行動で示している夫の愛に気がつきましょう。

すきにすれば

【好きにすれば】

男

自由にしていいよ

黙認するという意思表示。あきれたり、あきらめ気味のこともあるが、さほど悪意はなく、「見捨てる」という意味も含まない。

女

自由にしていいけど、どうなっても知らないよ

多くの場合、決して認めたわけではない。軽い脅しの言葉でもあり、こういえばやめてくれるだろうという期待が込められている。

とはいえ、やっぱり放っておけないのが母性。ハラハラしながら見守ってしまうことも。

言葉通りに受け取る男性
真逆の意味を込める女性

女性が不機嫌に「好きにすれば！」というのは相当拗ねている証拠。「言われた通り好きにするよ」などと開き直ると、溝は深まる一方です。女性からこの言葉が出るときはすでに相当面倒な領域に入っている可能性が高いですが、**事態をおさめたいのなら、相手の本音を忍耐強く聞くこと。**時間はかかるかもしれませんが解決に近づきます。

また、言葉を額面通りに受け取るという男性の特性を、女性は決して忘れないこと。**天邪鬼な言い方や、思ってもいないことは言うのはやめて、「率直に伝える」ことをいつも心がけて。**

すっぴん

【すっぴん】

男

自分だけに
見せてくれる素顔

化粧をしている顔との差は男性にとって驚きではあるが、そういう意味で興味もある。基本的には、差があったからといって嫌いになることはない。

女

心身を解放され
リラックスした素顔

外見だけでなく、精神的な仮面も外した状態。その心地よさにどっぷり浸かると、化粧がどんどん面倒なものになる。

たまには全身おしゃれしてデートをすれば、お互い惚れ直すかも！？

気を抜かれすぎるのは微妙な男性
できれば楽をしたい女性

女性がすっぴんを見せるのは、気を許している証拠。そのまま気を抜かれすぎるのが嫌でも「メイクくらいすれば？」などと言えば、「そんなこと言われる筋合いはない」と反発されるのは確実。**おしゃれして出かけたい場所に連れ出すなどして、メイクへのモチベーションを高めるのが正解です。**

結婚生活が長くなるほど、女性はすっぴんの楽さから抜けられなくなり、それと比例して恥じらいまでなくなってしまいがち。**最低限の身だしなみとしてナチュラルなメイクを心がけるようにすれば、女性としての楽しみを再発見できるだけでなく、夫の態度にも変化が表れる可能性も大です。**

すなお

【素直】

男

従順なこと

言われたことに反発せず、受け入れること。「素直な人が好き」という場合、自分の思い通りに動いてくれる人を指す。

女

正直なこと

自分の気持ちを率直に表現すること。天真爛漫にリアクションし、「ありのまま」の等身大で、のびのびと自由にすること。

「素直になってくれよ」と言われて、夫の上司の前でのびのび振る舞う妻。

「素直」に従ってほしい男性 「素直」になってほしい女性

自分の言うことを聞いてほしくて、女性に「どうして素直に聞いてくれないんだよ」と言っても「素直に聞いてるけど、私はこう思うから」と、のびのびと自己主張される結果に。どうしても言うことを聞いてほしい場合は、「僕を立ててほしい」「僕の言うことを聞いてほしい」という言い方のほうがベター。

また女性が男性に「素直になって」と言った場合には、「従順になれ」という意味に捉えらえる可能性があることを理解する。「自由にやって」「あなたの思うことを教えて」ということを伝えたいなら、「自分の気持ちに正直になって」が正解です。

せきにん

【責任】

男

必ず果たすべきこと

絶対に守るべき約束。遂行すべき重大なミッション。とても強い意味合いをもつ言葉。

女

必要なことを実行すること

男性に比べるとかなり軽い意味。ちょっとした手伝いにも伴う。「主体的に関わるべき」という意味も含む。

古風な男性は、今も家と家族を背負う責任で戦っています。ときには労ってあげて。

「無責任」が屈辱である男性
「無責任さ」に呆れる女性

女性が言う「無責任」は、「やってほしいことをやってくれなかった」程度の意味。確かに深刻な事態ではないですが、もっと「主体的に」関わってほしいというメッセージであることは間違いありません。たとえば子育てなどにおいて「無責任だ」と言われたら、自分がリードするくらいの気概を見せることが必要です。

やってほしいことをやってくれない夫に対して「無責任だ」という言葉を使ってしまうと、必要以上のダメージを与えてしまうことを女性は忘れないこと。**男性に対しては、できない状態を断ずるより、「もっとこうしてほしい」と希望を伝えるほうが◯です。**

せっくす

【セックス】

男

身体的な快楽

もちろん好きな人とする大切な行為だが、愛情がなくてもできるし、しないからといって愛情がないわけではない。愛情とは切り離せるもの。

女

心のつながりを確認するスキンシップ

妊娠・出産する体の機能を持つ女性にとって、非常に大切なもの。基本的には信頼した相手としかしたくないし、しなくなると愛情もないのではと不安になる。

ときには子どもをあずけてでも、二人の時間を持つことが大事。

セックスと愛情は別の男性 セックスと愛情をつなげる女性

女性の性欲は妊娠・出産期には激減します。その時期に不満があっても外で性欲を処理してしまうと、女性は裏切られたと感じ、一生の恨みになるので、この時期は特に気をつけましょう。

また、男性の性欲は、男性性が強いとき、リラックスしているときに高まります。**セックスレスに悩む女性は、それを愛情がないのだ、と落ち込むのではなく、夫に自信を持たせる、自分は女を楽しむ、リラックスできる雰囲気をつくるなどしてみましょう。**

必ず必要とまでは言えないまでも、あったほうが夫婦の満足度が上がるのがセックス。お互い大事にしましょう。

そとづらがいい

【外面がいい】

こう言われて気分がよいものではないが、他人に好感を持たれるような振る舞いをするのは、大人としての常識と考える。逆に家庭は「気を遣わなくていい場所」である。

男

社会的に信頼される振る舞いをすること

女

本当の自分を見せず偽っていること

本当の自分を外では見せないことで、「猫をかぶっている」と同義。「ありのままの自分」を大切にする人にとってはネガティブなニュアンスを含む。

「外ではいい顔ばっかりして！」あまりにも内と外が違うと、いつか暴露されるかも!?

自分の見せ方にこだわる男性 家での扱われ方にこだわる女性

夫が外で信頼され、大人としての振る舞いをすること自体は妻にとっても嬉しいこと。ただし、**家での態度がそれと違いすぎると、自分がないがしろにされているように感じ、怒りに火がついてしまうのです。**妻の機嫌を損ねたくないなら、「家では気を遣わなくていいから幸せだー」などとアピールして、軽んじているわけではないことをきちんと伝えておきましょう。

女性は、外面がいい＝外ではずっと緊張状態である、と理解すれば、夫への同情の気持ちも湧いてくるもの。**家で気が抜けているのは、リラックスしているからこそだと考えて、ときには外で夫を立ててあげましょう。**

そんけい

【尊敬】

男

自分ができないことをできる人を敬う気持ち。能力や地位、収入などの高い世間一般の「立派な人」が対象になりやすい。自分が尊敬されたい気持ちも強い。

「世間一般の立派な人」に対しての憧れ

女

人間性に対しての憧れ

器の大きさや優しさ、強さなどの人間性に対して抱く感情。世間的な評価にはあまり左右されず、親や友人など身近な人も対象。頼りになる存在に対して憧れを抱くことも多い。

妻が夫を尊敬する理由は、仕事の業績だけではありません！妻はちゃんと見ています。

立派な人と思われたい男性
頼りになる人に守られたい女性

どれだけ地位があって高収入でも、人間性が伴っていなければ女性から尊敬を勝ち取ることはできません。**女性から「尊敬できない」と言われた場合は、能力を誇示するのではなく、自分の人への接し方などを振り返ってみましょう。**

一方、**男性にとって「尊敬」されることは、女性が思っている以上にとても重要なこと。**「立派な人間でないと尊敬できない」とハードルを上げず、ちょっとしたことでも「尊敬する」と伝えてあげましょう。「片付けが得意なところ」「子どもと遊ぶのが上手なところ」など、小さなことを「尊敬する」と伝えることで、頼りがいのある夫になってくれます。

だいえっと

【ダイエット】

男

健康のための食事・運動管理

健康上の理由以外で、自分が太ることへの危機感はゼロ。一方、口には出さないが、女性の体型の変化に対しては意外に敏感である。

女

美容のための食事制限・運動管理

体型維持のため、常に気にしている。さまざまな方法を試し、一種の趣味のようになっている人も。夫の体型にも敏感で、だらしない姿にはがっかりする。

た

妻のヘルシー料理を前に、「明日のお昼は…」と目論む夫。たまにだから許して！

自分の体型に無頓着な男性 自分の体型を気にしすぎる女性

男性が思っている以上に、女性は自分の体型を気にしています。**男性は体型に対してのコメントは控えるほうが無難。**食べたいのに我慢してストレスを溜めてイライラしたり、自分のことを過度に卑下するようになってしまったら、「機嫌の悪いやせた君より、そのままでもご機嫌な君が好きだ」と伝えましょう。逆にやせてほしい場合は、おしゃれしがいのある場合へ連れ出すのも有効です。

また、夫の体型をコントロールしようしても、本人にその気がない限り徒労に終わる可能性のほうが高いです。**それでもやせてほしい場合は、「見た目」より「健康」を理由にするほうが効果的でしょう。**

だいじょうぶだから

【大丈夫だから】

女

助けてほしい

状況によって真逆の意味を持っている言葉。本当に「大丈夫」な場合もあるが、手を差し伸べてもらいたいのに自分から頼めず、大丈夫と言っている場合も多い。

男

安心して任せてほしい

むしろ関わらないでほしいという意味であることも多い。ただし体調の場合は、限界を超えていてもこの言葉を発する場合があるので注意が必要。

妻が「大丈夫」と言っても、できる範囲で一緒にやる。夫婦円満の秘訣です。

正真正銘「大丈夫」な男性
本当は「大丈夫」ではない女性

女性の「大丈夫」は、助けてほしいのに自分からは頼めない場合やプライドが邪魔して意固地になっている場合があるため、**言葉を鵜呑みにせず、状況に応じて自分が引き受けるか少なくとも手伝うようにしましょう**。本当に何もしてほしくないときは、女性はもっとはっきりした言葉で拒絶するものです。

男性の「大丈夫」は放置で問題ありません。むしろ、あれやこれやと口を出すほうが、気分を害する原因に。ただし、体調に関しては、「大丈夫だ」と思い込みたいだけのこともあるので、状況次第では病院に強制連行することも検討を。

たいぷです

【タイプです】

男

嫌いではないです

一定以上の容姿であれば来るもの拒まずなので、本当にどんなタイプが好きか深く考えていない。自分が言われると相手を意識するようになる。

女

恋愛対象です

自分の好みのタイプについてしっかり把握している。告白に等しい言葉なので、嫌いな相手から言われると、ドン引きし、嫌悪感を持つこともある。

た

「タイプ」と言われると意識するのは男女一緒。本命以外には使わないほうが得策？

「好きなタイプ」は挨拶がわりの男性「好きなタイプ」は告白に聞こえる女性

「好きなタイプ」と言われても、好感を持っている相手からでなければ、女性は決して喜びません。軽い気持ちで「君は僕の好きなタイプ」などと言うのは絶対にNG。既婚者であるなら、浮気願望がある人と誤解される危険性もあります。男性が思うより、女性にとっては深い意味があることを覚えておくこと。

夫が他の女性に対してこの言葉を使うことは許せない！と思う女性も、男性の言う「好きなタイプ」というのには深い意味はないことを理解しておきましょう。また、夫以外の男性に言われて、過剰に受け取って喜んだり、毛嫌いしたりすると、自意識過剰なイタイ人になってしまうので要注意。

ただしい

【正しい】

男

筋が通っていること

基準となるのは、自分自身の論理に適っているか否か。それを否定された場合、自分自身を否定されたかのごとく、怒り、傷つく。

女

状況に応じて基準は異なるもの

基準は柔軟なものであり、一貫しないことも多い。また、周りの状況にも左右されるもの。

男性の揺るぎない「正しさ」の前にタジタジの女性。でも納得しているわけではない。

「正しさ」を変えない男性「正しさ」が変化する女性

男性にとってどんなに「正しい」意見であっても、それを押し付けるだけでは女性に受け入れてもらえません。**女性にとって大事なのは、筋が通っているかよりも、気持ちの上で納得できるかどうか。**だから、相手の気持ちへの配慮を忘れないことが大事なのです。

男性は論理性を大事にするので、議論をする場合には、感情的にではなく、冷静に論理的に話すと聞き入れてもらいやすくなるでしょう。また、「あなたは間違ってる」というのはNGワード。いったん引いて、「あなたの考えは正しいけど、私はこう考えている」という言い方をするほうが、素直に受け入れてもらえる可能性は高まります。

だんじょのゆうじょう

【男女の友情】

男

相手に「友達」だと認識されている関係

女性に対して「友達」「恋愛対象」という区別はなく、相手が自分をどちらの枠に入れているかに合わせる（が、見分けるのは苦手）。相手がその気ならすぐに性的対象にもなる。

女

自分が「友達」だと認識している関係

「友達枠」に入れている男性との関係のこと。何らかのきっかけで「恋愛対象枠」に移動させることもある。逆に元カレを「友達枠」に入れることも。

友達から恋人への発展は、基本女性主導。誘ったなら責任を取る覚悟で！

女性の意向に合わせる男性
自分を偽ることもある女性

いい関係性を壊すのが怖くて「友達だ」と主張している場合もありますが、男性側からそれを見極めるのはかなり困難。**女性が「男友達」だと断言しているのなら、それ以上勘違いしないほうが無難でしょう。基本的には、**

また、女性は自分に気がある男性を、友達扱いするのは本来残酷なこと。**どうしても友達として付き合いたいなら、誤解を与えるような行動は慎みましょう。**また本当は友達以上の気持ちがあっても、「友達」としてのスタンスを保ったままでは、男性に気持ちは伝わりません。また、友達以上の感情がなくても、男性は性的関係が結べるのだという習性は知っておくこと。

でかけるじゅんび

【出かける準備】

男

自分の支度をすること

自分の支度だけなのですぐできる。基本的に待たされることは大嫌いなので女性が遅いとイライラする。また、時間が読めないこともストレスになる。ただし、自分自身は必ずしも時間厳守というわけではない。

女

自分と家族の支度をすること

出かけるにしても、男性より段取りが多く、準備に時間を要する。ゆえに、時間を守ろうという気がないわけではないが、守れないことが多い。

子どもの準備も家族の持ち物も女性の担当では、時間がかかって当然。分担しましょう。

女性の準備に無理解の男性 男性の無理解にキレる女性

男性は待たされるとイライラしがちですが、**女性は準備に男性以上に時間がかかることを忘れてはいけません。**小さな子どもの準備まで丸投げした挙句に文句を言われると、普通の妻ならキレて当然。子どもの準備は自分が受け持つなど、時間を合理的に使う方法を提案すれば、待たされることも、妻の機嫌を損ねることも防げます。

時間にうるさい夫には、妻はなんでも頼んでしまいましょう。自分のせいで遅れる分には、男性が不機嫌になることはありません。ただし、バタバタした状態で命令口調になるとお互いの関係が悪くなってしまうので、前日に伝えるなどの工夫を！

てがみ

【手紙】

男

用件が記載されている紙

ビジネス文書やちょっとしたメモ以外、書き記す習慣のないのが男性。手紙を受け取るときは根拠なく重大な内容を予感させ、ドキリとする。

女

本当の気持ちを伝えられる手段

文字として綴ることで、偽りのない気持ちが表現できると思っていると思っている。そこで書かれたことに嘘はなく、折りに触れて読み返せるので、手紙をもらうのもとても嬉しい。

照れくさい気持ちを乗り越えて、大切なときに愛の手紙が書ければ、妻の愛情は急上昇！

手紙は苦手な男性
手紙が大好きな女性

手紙は何度も読み返せるもの。愛と感謝にあふれた手紙を受け取ると、女性は読み返すたびに幸せな気持ちに満たされます。手紙を書くのは苦手、という男性も多いでしょうが、夫婦の仲を深めるにはこれ以上ない手段。**簡単なひと言でもいいので、記念日などにはぜひ手紙を渡しましょう。**

男性の手紙の内容がそっけないからといって、女性はがっかりしたりしないこと。そもそも男性は手紙が苦手なので、無理強いも厳禁です。こちらから思いを伝えたい場合も、手紙では必要以上に重く感じてしまう男性が多いので、**よほど重要なことでなければ簡潔にメールなどで伝えるほうが効果的です。**

てつだう

【手伝う】

男

半分を超えないサポートをすること

自分がする場合には、少し手を出しただけでも成立するもの。逆にされる場合も「ないよりはマシ」なものだと理解している。

女

主体的にやるつもりがないこと

あくまでサポートなので、主体性は放棄するという意味を含む。自分も気軽に申し出るので、育児・家事など二人の役割であるはずのことにこれを申し出られると、腹が立つ。

「育児は二人の仕事」のはずなのにサポートに回ろうとする夫に妻のイライラは爆発寸前！

「手伝い＝軽い労働」の男性「手伝い＝責任放棄」の女性

「手伝う」という言葉は、女性にとって、「本来の仕事でないけどやる」という意味を持ちます。**家事や子どもの世話に対して、「手伝おうか」などと言えば、「そもそもあなたの仕事でもあるでしょ！」と逆鱗に触れる危険性もあるので、くれぐれも注意を。**

逆に男性にとっての「手伝う」は「気軽なサポート」という意味合いが強いので、「手伝って」とお願いすれば素直に応じてもらえる可能性が高いです。ただし、「サポート」以上のことをやるつもりはないので、期待するレベルに至らない可能性も高いでしょう。**結果を求めるなら、具体的に明確に依頼するのが賢明です。**

どうせい

【同棲】

男

もっと一緒にいられるし、家賃・光熱費は浮くし、結婚のような堅苦しさもないし、いいことづくめ。人生で一度は経験してみたいことの一つ。軽く始めるもの。

恋人と一緒に楽しく暮らすこと

女

結婚へのお試し期間

「この人と生活したい」と思うことは、女性の結婚の条件の大事な一つ。結婚の前段階として重大な決意を持って行われる。

同棲するときも結婚並みに親に挨拶すると、意外にうまくいくかも？

「同棲」を楽しむ男性
「結婚」を見据える女性

もっと一緒にいたいし、経済的にも折半したら楽だし、彼女の手料理も食べたいし、など安易に同棲に走ると、負担の大きくなる女性に不満が溜まるのは必然。その結果、同棲カップルが別れる確率は80％とも言われています。**男性は、相手が結婚を望んでいるなら、期限を決めて同棲するなど配慮すべし。**

女性は、同棲することの意味を共有してから始めるほうがよいでしょう。そうでないと、何年も同棲した挙句振られるという最悪の可能性だって出てきます。

「結婚のお試し期間」としての同棲なら、ダメだった場合も離婚履歴を増やさなくて済むというメリットはあるかもしれません。

た

なく

【泣く】

男

恥ずべき感情の発露

許されるのは結婚式と葬式くらいで、基本人前ではしないこと。我慢できず、どうしても、の場合は見られないようその場を離れる。

女

自然なデトックス現象

強い思いの表れ。高ぶる感情を浄化するために必要なものでもある。甘え上手の人の場合は、これを武器にしようとするケースも。

女性が泣いたとき、正解は落ち着いて見守ること！？とはいえ、実際には無理かも……。

泣くことにネガティブな男性
泣くのが避けられない女性

女性が泣いているときには、泣きたいだけ泣かせてあげること。それが男性に求められる基本姿勢です。状況に応じて、気持ちに寄り添う態度が大事です。また、泣き終えたところで、その気持ちを聞くと、女性の気持ちは落ち着きます。泣くことを非難したりすると、後々まで恨まれます。

女性に泣かれると、男性はただ困惑するだけ。純粋な涙は美しくても、決して男性の気持ちを動かす武器にはなりません。また男性自身が泣いている場面を目にしたら、そっとその場を離れること。それが、泣くこと＝恥だと思っている男性への思いやりです。

なっとくできない

【納得できない】

男

自分の意見をわかってくれていない

相手と自分の考えが相容れないこと。相手が自分の意見を正当に評価していないという怒りを表す場合も多い。

女

自分の気持ちをわかってくれていない

相手の言動ではなく、私の気持ちをわかってない、私の気持ちを踏みにじっている、という思いが込められている。

な

相手の「納得ポイント」がわからなければ、話はどこまでいっても平行線をたどるのみ。

自分の意見を曲げない男性
気持ちの放置が許せない女性

男性に対して女性が「納得できない」という場合、男性の言動が腑に落ちないわけではありません。**いわば、「許せない」に近い言葉であり、その根底には、「私の気持ちを無視している！」という怒りがあります。**この言葉を聞いたら、まずは女性の気持ちを確認すること。気持ちが伝わったと安心すれば、怒りも収まり、聞く耳をもってくれる可能性が高まります。

男性に「納得できない」と言われた女性は、相手の意見をよく聞き、自分の気持ちや考えを論理的に伝えてみましょう。感情的になるあまり、真意が伝わっていない可能性もあります。

なんとかしてほしい

【なんとかしてほしい】

男

言う通りに改善してほしい

改善を要求する場合に使う。かなり切迫している感情。議論する気持ちはなく、自分の考えを通したい気持ちの表れ。

女

そちらの責任で対処してほしい

自分の手に負えないものを、相手にゆだねて解決してほしい場合に使う。すべてを丸投げしたい気持ちを表す。

「なんとかして！」の丸投げでは、相手が自分なりの方法で突っ走ってしまう可能性も。

な

理想のやり方がある男性
とにかく任せたい女性

妻に「なんとかしてくれ」と言う場合でも、男性は期待する結果を描いている場合がほとんど。ただし、女性は、丸投げされたと受け取るため、無理と言われるか、自分のやり方でやってしまいます。**思い通りに動いてほしいなら、たとえ切羽詰まった状況であっても、できるだけ具体的に伝えること。**

逆に女性は男性に「なんとかしてほしい」と言われても、自分の方法で突っ走らないこと。何をどうしたらいいのかを冷静に聞いて、判断することで、後々のトラブルを防げます。なお、**男性に丸投げしたいときは、「やり方は任せる」とはっきり言うのが○。**

にげる

【逃げる】

男

被害を最小限に抑える手段

その場から去ったり、話題を変えたり、責任を逃れたりすること。それが許されない環境下になると、怒ったりして、力技でなんとか回避する。

女

無関心で卑怯な手段

ずるいこと。簡単にやるべきことではないもの。軽蔑すべきこと。きちんと向き合うことが大事と思っている。

な

男性にとって「逃げる」は立派な戦略。追い詰めすぎるとろくなことになりません。

すぐ逃げようとする男性
簡単に逃したくない女性

基本的に女性は、逃げるのは卑怯だと考えます。「真剣に向き合ってくれたかどうか」を重視するので、男性は安易にその場から逃げてはいけません。**どうしてもその場を離れたいときは、「ちゃんと話し合うために時間がほしい」と伝えてからにすること。**

男性の「逃げ」の姿勢は、女性には許しがたいものですが、すでにいっぱいいっぱいの状況であることを理解しましょう。しつこく詰問しても状況は悪化するだけ。**いったんは逃がしてあげて、時間を置いてから改めて向き合うほうが、建設的に問題に対処できます。**「逃げないで！」という言葉も男性を無駄に追い詰めるので使わないほうが無難です。

にんしんちゅう

【妊娠中】

男

オロオロし続ける期間

子どもの誕生は待ち遠しいが、変わっていく妻の様子に戸惑い、その感情の変化に振り回される。何が正解がわからないため、手探りで過ごす時間。

女

夫の本性を見極める期間

体の変化とともに、感情がジェットコースター並みに変化する。この時期に夫への愛情が深まるケースと、幻滅するケースに二分される。

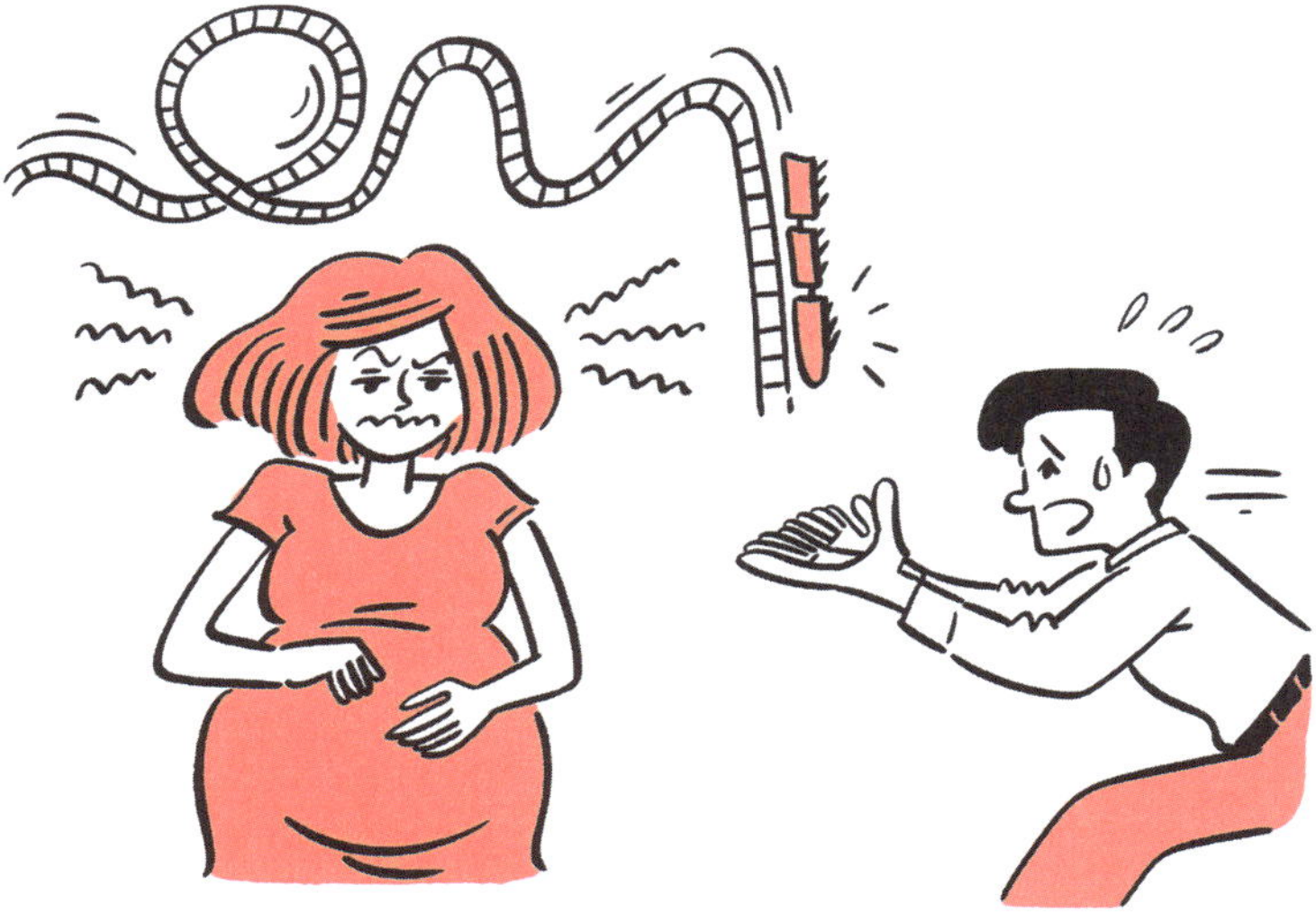

な

妊娠は女性自身も制御不可な期間。気持ちのジェットコースターを受け止めてあげて。

戸惑いしかない男性 不安を受け止めてほしい女性

妊娠、出産は女性の仕事、という思い込みを捨て、男性も妊娠中の妻の身体の変化、精神の変化などを積極的に学ぶようにすれば、気持ちが不安定になりがちな妻にも自信を持って対応できます。この時期に妻からの全幅の信頼が得られれば、今後の夫婦生活の幸せ度は大きくアップするでしょう。

また女性は、自分と同様、男性も不安を抱えていることを理解しましょう。男性にとっては未知の世界でもあるので、妊娠出産に関する本を読んでもらったり、一緒にパパママ教室に行くなどの努力をすることも大切。夫が頼れるサポーターとなってくれれば、結果的に自分も楽になります。

ねぎらう

【労う】

男

骨折りに対して最大限に感謝する

相手に対して精一杯「自分なりに」気を遣い、感謝の気持ちを伝えること。当然相手にも「精一杯」を要求するので、それほどでもないとムッとする。

女

ちょっとした感謝

「感謝する」とさほど違いはない。「いつもお疲れさま」「いつも助かっているよ」という言葉がそれにあたるが、それほど重いものとは考えていない。

妻をねぎらう手料理に張り切る夫。嬉しい反面、後片付けの段取りをする妻。

労い方が自己流の男性
言葉でラフに労う女性

男性は、相手のニーズを無視して、ひとりよがりの「労い」をしてしまいがち。求めていないことをされても、相手にとってはありがた迷惑であり、結果として徒労に終わってしまっては身も蓋もないので、「どうしてほしい？」と聞くほうがよいでしょう。

逆に女性は、たとえ的外れでも、男性が一生懸命労ってくれようとしている姿勢には素直に感謝すること。**基本的には、こちらの希望を察してもらうのは無理なので、「痒いところに手が届いたら奇跡」くらいのスタンスでいるほうが気が楽です。**一方、男性を労う場合、言葉だけなく、おいしい料理を振る舞うなどの態度で示すことも心がけましょう。

ねんしゅう

【年収】

男

その人の価値そのもの

その多少は、その人の価値と感じるため、他人より少ないと感じた場合はかなり凹む。周りの年収は知りたいが知りたくないというジレンマにも陥りがち。

女

安心するための要素

あるに越したことはないが、その年収でどのくらいの生活ができるか、貯金ができるかが重要であり、金額にはそれほどこだわりがない。

な

妻の無邪気なおしゃべりの中にも、夫のプライドを傷つける「年収」の話が……!

年収で自分の価値を確認する男性 年収ネタで男性を傷つける女性

昭和の時代ならいざ知らず、「俺は稼いでいるのだから文句を言うな」などと威張っている男性は、これからの時代、家庭でも社会でも居場所がなくなってしまう可能性があります。**年収が多かろうが、家族の一員である以上、家事や子育ては夫婦二人の仕事として、意識改革が必要です。**

とはいえ男性にとって年収が非常にデリケートなテーマであることは女性も理解しておきましょう。**気軽な気持ちで他人の年収を話題にしたり、ましてや夫と比較したりすることは厳禁。**夫の年収への不満を口にすれば、人格を否定されたくらいのショックを受けてしまいます。

ねんれい

【年齢】

男

知りたいもの

相手が年上か年下かで自分が取るべき態度が異なるため、知らないままで付き合うことは大きなストレス。互いに打ち解けるためにも、知っておきたいもの。

女

知られたくないもの

男性ほど相手の年齢を気にしない。自分の年齢については、若いことだけに価値があるとは思っていない。でも、周りからの見られ方が気になり、重ねるほど隠したくなる。

初対面で年齢を聞くのは、悪気がなくても NG!!

年上、年下にこだわる男性
年齢で判断されたくない女性

未だ女性は若いほうがいい、という風潮の強い日本において、男性から女性に安易に年齢を聞くのは×。実は男性のほうが年下であるにも関わらず馴れ馴れしくされたからといって不快感を抱く女性はあまりいません。また、年齢を重ねた女性の魅力について普段から話題にするようにすると、妻も年齢に抗わず、自然体でいられるので、魅力的に年を重ねられます。

また**女性も、若々しさを維持しようとすることは大事だとしても、行き過ぎると自らを年齢で縛ってしまうことになりかねません。**魅力的な年上女性と付き合うようにすれば、歳を重ねることへの恐怖から解放されます。

はじめて

【初めて】

男

やったことがないので困惑すること

これまでまったく手を出したことがないことに対しては消極的。自分の過去の体験の、あくまで延長線上のことならやってみてもよいと思っている。

女

やったことがないのでワクワクすること

女性は、「新しいもの」や「初めてのもの」に高揚感と価値を感じる。新商品や新しいファッションアイテム、新しいお店を試してみることにも積極的。

女性は初めてのお店にワクワクするが、男性はいろいろ考えて落ち着かない。

変化に戸惑う男性
変化が大好きな女性

女性のほうが「挑戦」に対する肝は座っています。**「変化」や「未知のもの」が大好きなので、男性なら二の足を踏みそうなことにも女性は積極的。**思い切ってその誘いに乗ってみると、自分の世界も二人の世界も広がるでしょう。

逆に女性は、男性が極度な変化を好まない生き物だということを理解しましょう。**たとえばイメチェンを図るとしても、すべてをガラリと変えてしまうと夫を戸惑わせるだけ。**「服のテイストは普段と同じだけど、ヘアスタイルだけ変える」くらいの変化を繰り返すほうが受け入れてもらいやすくなります。

はんせい

【反省】

男

子どもの頃から強要されることが多かったため、これ自体はすぐできる。しかし、「反省さえすればいい」と思っているためあまり長続きせず、すぐに同じことを繰り返す。

今度からしないように気をつけること

女

何が悪かったのか考えること

自分の行動を振り返って分析しようとしますが、その結論は必ずしも「自分が悪い」とはならない。反省したように見せかけるのはうまい。

本当に自分の非を認めるのは、男性より苦手な女性。表面的な反省は芸のうち？

反省に嘘はない男性
反省は本音ではない女性

女性が「反省してる」と言っても、全面的に自分が悪いと思っているわけではありません。ただ、自分が悪い部分もあるし、解決しようのない部分があることもわかっているので、使っているにすぎません。とはいえ**妻が一部でも非を認めているのであれば、「こちらも悪かった」という体で大人の対応をするほうが身のためです。**

一方男性は素直に、「悪かったな。もうしないぞ」と思っています。が、懲りない生き物、汝の名は男。たとえ「反省している」と言ったとしてもあくまでもそれは瞬間的な後悔にすぎません。**「二度としないというわけではない」と女性は覚悟しておくほうがよいでしょう。**

ふりん

【不倫】

男

ちょっとした現実逃避

家庭で自分が必要とされていない、居場所がないと感じると、その喪失感からうっかりしてしまう「浮気（P32）」。しかしあくまで浮気で、離婚は考えないことがほとんど。

女

本気の現実逃避

基本的には人として許されないもの。その反面、自らがそこに至るには離婚を何度も考えるくらいの不満と「許されないこと」という背徳感があるため、本気になりやすい。

傷つけられたことを一生忘れないのが女性。妊娠期の不倫は、その最たるもの。

うっかり不倫する男性 優しさに飢えると走る女性

妻は妊娠・育児期にはホルモンの変動と不安で一時期大変不安定な状態になります。**この時期の不倫は、たとえうっかりだとしても、一生恨まれ、関係の崩壊に至るのは必至です。**また、妻の不倫は本気にもなりやすいため、それを阻止するためには、普段からのわかりやすい愛情表現が欠かせません。

逆に**夫は自分が必要とされていない、尊重されていないと思うと、外に目が行きがち。**家事に育児が加わると女性の負担は半端ないですが、その負担を上手に夫にやってもらい、感謝することで、夫の居場所を確保しましょう。

心の隙間ができないよう、相手を思いやり、お互い感謝することが最善の不倫予防策です。

ぷれぜんと

【プレゼント】

男

喜んでもらうべき贈り物

贈り物をすること自体は嫌いではないが、相手のほしいものを察することができないので、ついひとりよがりの物を選んでしまう。逆に自分のものは自分で買いたい。

女

気持ちを伝える贈り物

あげるのももらうのも好き。ほしいものをもらうと嬉しいが、そうでない場合、自分の好みをわかってもらえてないことに落胆することも。

プレゼントは、自己満足では失敗の可能性大。相手がほしいものをリサーチせよ。

は

ニーズとの合致が重要な男性 気持ちとの合致が重要な女性

一生懸命考えてくれたのがわかるものなら嬉しいが、自己満足で的外れなプレゼントを贈ってしまうと、「私のことを何もわかってない」という不満を抱かせる結果に。普段から様子をよく観察して、ベストなチョイスをするに越したことはありませんが、それが面倒ならほしいものを率直に聞くほうが無難です。**サプライズはおまけとして追加するほうが◯。**なんでもないときのプレゼントも効果絶大。

また、**男性は意外に好みがピンポイントなので、本当に喜んでもらうプレゼントを選ぶのは女性にとって至難の技。**一緒に選ぶようにするか、男性が自分では買わないような実用品にするのがよいでしょう。

ほめる

【褒める】

男

結果を評価すること

男性が評価するのは基本的には「結果」。会社で部下に「契約成立、よくやったな」などとほめることができるが、家庭などではどうほめていいかわからない。自分がほめられるのは大好きで、成長のエネルギー源になる。

女

変化をポジティブに承認すること

女性はちょっとした変化に敏感で、女性同士では「髪型変えた？」「新しいスカートかわいい」とほめ合う。意識して変えたこと、がんばったことなどが承認を得られることが喜びになるので、男性にもそれを求める。

家事育児は毎日のことなのでどうしても認められにくいもの。だからこそ、ほめて!

上から目線でほめる男性
雰囲気でほめる女性

結果を重視する男性にとって、家事や育児など家庭の仕事は、結果が見えにくいので、ほめることが難しく感じるはず。また、妻に「よくやった」というと「上から目線」に聞こえてしまいます。**「ありがとう」という感謝の言葉に言い換えましょう。**「髪切った?素敵だね」などの変化に対するほめ言葉も有効です。

女性が男性をほめるときは、「結果」に重点を置くと響きます。「仕事がんばってくれたから、貯金が○○円になったよ!」「丁寧に洗ってくれたからお皿がピカピカ」などは、「よし、もっとがんばろう」と思える言葉です。**人前でほめたり、第三者がほめていたと伝えることも効果大です。**

ほんき

【本気】

男

真剣にやるという覚悟

その考えを絶対遂行するという強い決意。永遠とまでは言えないが、比較的長い時間維持できる。

女

冗談ではないという気持ち

自分の気持ちや意見を軽んじてほしくないときの気持ち。1時間後には別の気持ちになり、あっさり撤回されることもある。

瞬発力があるのは女性。持続力があるのは男性。

「本気」に覚悟を込める男性
「本気」に感情を込める女性

女性の「本気よ！」という言葉を、男性はあまり真に受けないほうがよいでしょう。**もちろんその瞬間は「本気」であることに嘘はありませんが、その気持ちがずっと続くわけではありません。**ただし、聞き流されたくないという意味で本気なので、「それくらい強い気持ちをもってるんだね」とちゃんと話に耳を傾けないと怒りを買います。

また**男性にとって「本気」という言葉は女性が思うより重い言葉。**「絶対離婚する！　本気よ！」などとはずみで言ってしまうと、男性は本当に離婚を決意してしまう場合もあります。女性は瞬間的な感情で使いがちな言葉なので、くれぐれも注意しましょう。

まじめ

【真面目】

男

融通が利かないこと

決して悪くはないが、おもしろみがないこと。基本的にはほめ言葉として発しないし、自分が言われても嬉しくない。

女

しっかりしていること

若いうちはそのプライオリティは決して高くないのに、結婚を意識した瞬間から男性に求めるようになるもの。ただ、自分が言われるのはあまり嬉しくない。

結婚となると「退屈な男」が「いいパパになりそう」に変わるのが女性の現金なところ。

真面目と思われたくない男性
真面目な夫に安心する女性

「真面目」という言葉はほめ言葉のようで、「面白みがない」＝「魅力がない」というイメージがあり、実は男女ともに言われたほうはあまり嬉しくない言葉です。

言われる状況にもよりますが、特に男性は「真面目」と評されると、どこかバカにされたように感じて、嫌な気分がするかもしれません。ただし、「浮気をしない」「ちゃんと働く」といった「真面目な姿勢」は、女性が夫に強く求めるものであることは決して忘れないこと。

また女性は、**男性にとって「真面目」という言葉はあまり心地よい響きではないことを理解しておきましょう。**

ま

みだしなみ

【身だしなみ】

男

個人差が大きいが、気にする人はオンオフ関係なく身ぎれいにすべきと思っている。女性にも同じことを求めがち。気にしない人はオンも身ぎれいにしない。女性の切り換えには驚く。

外でも家でも同じ服装

女

外では気を配るべき服装

家ではどんな格好をしていても、外に出るときはきちんとしたいもの。特に誰かと会うときは、清潔感を重視するし、相手にもそれを求める。

ダラダラした自分を見せるのは夫へ気を許した証拠？

家も外も、オンオフ同じ男性 外ではオン、家ではオフの女性

女性にとっておしゃれは楽しむと共に、自分をどう見せたいかの表現の一つ。家では素の自分に戻るもの。多少の気の緩みはリラックスしているのだと大目に見ましょう。**百年の恋も冷めるような気持ちになってしまったら、「家でもスカートはいてるとかわいいね」など、ほめてその気にさせるのがコツ。**

一方夫にもう少し身ぎれいにしてほしい女性は、自分の友人に会わせるときだけ急に「これ着て！」と指示すると、「普段のオレはダメなのかよ」「わざわざおしゃれするなんて恥ずかしい」と反発される可能性があります。**オフのときの普段着から少しずつセンスアップしてもらうのが得策でしょう。**

や

もとかれ・もとかの

【元カレ・元カノ】

男

過去の恋人

恋愛関係が終われば、基本的には関係性が途絶えるもの。何らかの関係を維持している場合は、優しすぎるか未練が残っているケースが多い。

女

自分をよく知る異性

恋愛中にさまざまな感情をさらけ出した相手は、女性にとって安心できる存在。円満に別れていれば、気を許せる異性の友人になってほしいと思っている。

夫に「友達」として元カレを紹介する妻。腑に落ちない夫。

女友達にも優しくできる男性 男友達にもうまく頼る女性

恋人関係が終わったあとも、友達として付き合うことを望む女性は多いですが、自分の夫や恋人にそういう女性がいることを好む女性はいません。**今の相手との関係を大切にしたいなら、ある程度距離を置くべし。**

女性も、自分のすべてを知る存在としてキープしたい気持ちはわかりますが、たとえ「女友達」「男友達」としてうまく付き合っていても、相手が「元カノ」「元カレ」という事実は今の相手には言わないほうが無難です。

相手が昔の恋人と「友達付き合い」をしている場合、付き合って欲しくない場合は率直にイヤだと伝えましょう。

や

やくそく

【約束】

男

お互いの取り決め・ルール

社会的には大切なことだが、男女間ではどちらかというと、「させられるもの」というイメージが強い。嫌々交わした場合、守るほうがよいのはわかっているが、守れなくても仕方ないと思っている。

女

相手をコントロールするための取り決め

相手に対する願望を遂行するために交わすことが多い。男女間で交わした約束については、必ず守るものだと信じて疑わない。どんなに理不尽だとしても、した以上は守るのが当然。

安易な約束は、どちらにとってもつらい結末に。約束しない勇気もときには必要。

約束にはネガティブな男性
約束を信頼する女性

女性は何かと「約束」をさせたがります。「約束」への信頼が非常に厚いため、「約束してしまえば守るもの」という思いがあります。そんな「約束」を破られると当然ながら激昂するので、**男性は「約束」に同意したなら必ず守る、少なくとも「守っているふりをする」ことが大事です。**納得できないことなら、「約束はできない」という態度を貫きましょう。

また、「約束」は男性にとって、不自由極まりないものであることを女性は理解しましょう。**相手が納得しない「約束」で縛ろうとしても、抵抗される可能性も高く、それが守られる可能性は極めて低いです。**約束よりもお願いのほうが効果的です。

や

やくめ

【役目】

男

果たすべき使命

「リーダー」や「調整役」など、役割や肩書きが好き。家庭でも、自分は父親である→こういう行動をするべきなど「べき」が伴うもの。世界を救うヒーローのように前向きに捉えている。

女

自分に課せられた義務

「会社員」や「妻」、「母親」など、自然に役割を使い分けている女性にとって、ごく普通のこと。自ら果たすことには前向きだが、他人から押し付けられることには抵抗を感じる。

さまざまな顔を持ちつつ、ときには「ありのままの自分」になりたいのが女性の願望。

役割を果たしたい男性　役割に縛られたくない女性

いつも「私」として見られたい女性は、「妻だから～すべき」「母親だから～すべき」という発想に強い嫌悪感を抱きます。「役目」という言葉も「押し付けられた」という印象を与え、女性の神経を逆なでするので、決めつける言い方は避けるようにしましょう。「これは君が上手だよね」のように、役割を抜きにした伝え方をするのが反発を抱かせないコツです。

一方女性は、男性が「役目」を強調するのは、「夫」や「父親」としての自分の役割を果たそうとする意欲の表れだと理解するようにすると、不思議と抵抗は少なくなります。

や

やさしい人

【優しい人】

男

言いなりになる人

相手の言うことを無条件で聞く我慢強い人。よってイエスマンや軟弱なイメージがあり、優しさばかりを無理に求められると反発する。

女

必要なときに助けてくれる人

ここぞと言うときに、的確に手を差し伸べてくれる人のこと。自分は自然にできているつもりなので、男性にもそうしてほしいと求めている。

優しくされたいのは、男も女も同じ。まずは自分が相手に優しくすることから始めよう。

頼まれるから優しくなる男性 頼まなくても察してほしい女性

女性の要求にいつもイエスと答えることが優しさと思い込んでいるとしたら、それは大きな間違い。女性からの「もっと優しくして」という言葉に、「これ以上何を求めるのか？」と反発を感じるのも、優しさの意味を取り違えている証拠です。**助けてといちいち頼まなくても、察して自ら手を差し伸べてほしいというのが女性の願いなのです。**わからない場合は聞いてみましょう。

女性は察してくれることを待つのではなく、助けが欲しいときは「手伝ってほしい」とはっきり伝えること。命令や指示ではなく頼めば、理想とは違う形だとしても、男性の優しさを引き出すことができます。

や

やらなくていいよ

【やらなくていいよ】

男

やらなくても何とかなるよ

本当はやってほしいとか、あきらめて見放す気持ちなどなく、純粋にほうっておけばいいと思って発する言葉。

女

私が全部やればいいんでしょ

「自分にまかせて」という場合と、「私がやるわよ」というキレ気味の場合がある。一方自分が言われると、「じゃあ、これは誰がやるの?」と反論したくなる。

「やらなくていい」って簡単に言うけど、このまま放置するのもイヤなのよ！

気軽に放置できる男性　放置もストレスになる女性

男性はよかれと思って「やらなくていいよ」と気軽に言いますが、「やらなくてはならない」と思っていることを、やらずに放置しておくことは女性にとってはそれなりにストレスであることを忘れてはいけません。**「俺がやるよ」と自ら手をあげるのが本当の思いやりでしょう。**一方妻の「あなたはやらなくていいよ」という言葉は「私が全部やればいいんでしょ！」という皮肉が含まれる可能性大です。**男性の「やらなくていいよ」に他意はないので、女性は変に意固地にならず、その言葉に甘えてしまいましょう。**「じゃあ、あなたにお願いしていい？」と咄嗟に切り返すのもよい作戦です。

ゆうじょう

【友情】

男

行動を共にすることで芽生える親愛の気持ち

一緒にスポーツをする、一緒に働く、などによって芽生えるもの。一度芽生えれば、揺らぐことはなく、頻繁に連絡を取らなくても続いていく。

女

共感することで芽生える親愛の気持ち

互いの悩みを相談し合うなど、気持ちが通じ合うほど、強固になる。ただし、互いのライフステージが噛み合わなくなると途端に疎遠になることも。

女性は「話が合う」ことが大事なので、ライフステージによって友人は変化する。

友情は不滅の男性
友情は流動的な女性

友情を構築するのに「共感」が大事な女性は、ライフステージに応じて友人関係も変化します。それにうまく対応できず孤独になっている場合は、夫は妻の話に耳を傾け、友人の役割を果たすことも大事。また、男性は友達との付き合いを優先しがちですが、後日埋め合わせをするなど、状況を見て妻へのフォローが必要。妻の友達ともうまく付き合うようにすれば、夫の友達付き合いにも寛容になってくれます。

女性は、男性にとって友達との付き合いが大事な気晴らしの場であることを理解すること。不満を漏らすより、その自由を尊重することでこそ、男性は妻にも優しくなるのです。

や

ようじにつきあう

【用事に付き合う】

男

感謝されるべき義務

「共に過ごす」ことだけに価値を見出せないため、決して楽しいとは思っていない。感謝されてしかるべきもの。

女

感謝されると嬉しい慈善行為

それ自体に不満は持たないが、当たり前だと思われるのは不満。感謝されるためにやるわけじゃないが、感謝されるとうれしい。

「次のプレゼントの参考にしよう」相手に付き合う場合にも自分なりの楽しみを見つけて。

基本は付き合いたくない男性
好意的に付き合える女性

男性は「仕方なく付き合ってる」のが本音でも、それをあからさまに見せるのは×。付き合った挙句に感謝もされないという散々な結果になります。また、女性に付き合ってもらってる場合、機嫌が良さそうに見えても、「付き合ってくれてありがとう」のひと言を添えることを心がけましょう。

女性は、そもそも男性は「ただ付き合う」のが苦手であることを理解すること。それでも、感謝されれば気持ちは収まるので、「助かったわ」と労いましょう。**必要以上に付き合わせないことも余計な波風を立たせないコツです。**

や

よっぱらう

【酔っ払う】

男

生活に不可欠のウサ晴らし

他にあまりストレスを発散する手法がない男性にとって、お酒はストレス発散の手段であることが多く、楽しいときも、楽しくなくても、お酒の力に頼りたくなる。

女

特別感のある楽しい状態

結婚や出産後はその機会が減ってしまい。渇望している人も。夫だけ酔ってへべれけになっていたりすると、不平等を感じ、受け入れがたい。

夫婦一緒に酔っ払って、楽しくストレス発散できたら最高！？

妻の醜態は見たくない男性 たまにはとことん酔いたい女性

女性だって、たまには思い切りお酒を飲みたいもの。ストレスとお酒の量が比例するのは女性も同じなので、妻の泥酔した姿を見たくないと言うのなら、普段ストレスを軽減するよう努めることが効果的。また、**「君のことが心配だから」というスタンスで話すと聞き入れてもらいやすい。**

逆にちょっと飲み過ぎたくらいで、夫に嫌味を言われたりすると「お互い様でしょ！」と女性はムッとするでしょうが、**実は妻に対する心配や愛情の表れでもあるので、言葉をそのまま受け取るのではなくその裏の思いを見るようにすると、優しい気持ちになれるかもしれません。**

や

りこん

【離婚】

男

結婚の失敗

保守的で世間体を気にする男性にとっては、できるだけ避けたいもの。「うまくいかなかった」という結果も受け入れ難く感じる。そんな離婚に踏み切る程の動機は、そうそうない。

女

新しい人生のスタート

「結婚」に理想を持ち、重視する女性だからこそ、やるときはやるもの。やるとなったら前向きに捉えている。夫婦関係においては切り札の一つとしてタイミングをうかがい、ここぞと言うときに突きつける。

保守的で見栄っ張りな男性にとって、基本的に離婚は論外。だからこそ、妻の切り札に。

離婚は基本想定外の男性
離婚は常に想定内の女性

妻が「離婚」という言葉を口にするのは一時の感情であることも少なくありません。**男性が冷静に対処することで、妻が落ち着きを取り戻せば、事なきを得ることも多いでしょう。**ただ、離婚したがっていたはずの妻が、急におとなしくなった場合、静かにタイミングをうかがっている可能性も……。

日々の些細な不満の先に離婚がチラつく女性と違い、基本的に保守的な男性はそこにあまり現実味を感じません。けれども事あるごとに「離婚、離婚」と騒ぐ妻にうんざりすると、それもありかと考え始める危険性もあります。**本気でないなら安易に「離婚」を口にするのはやめましょう。**

ら

りそうのふうふぞう

【理想の夫婦像】

男

考えるに至らないもの

基本的に考えたことはない。せいぜい、両親をイメージするか、またはそれを反面教師にするか、というレベル。自分は結婚前と変わらず自由にしたいという願望はある。

女

小さい頃から思い描いているもの

結婚に夢があるのと同じく、尊敬し合う夫婦、笑顔がある夫婦、年々お互い素敵になっていく夫婦など、さまざまにずっと描いている。その分、幻滅しがち。

理想がありすぎる女となさすぎる男。少しずつすり合わせるのが本当の理想かも？

理想より自由にこだわる男性 ずっと理想を描き続ける女性

理想は人それぞれなので基本的には妻に理想を聞いてみましょう。一般的には記念日を忘れず、仕事だけでなく家庭も大事にするのがポイントです。

一方男性は、理想にはあまりこだわらなくても、自由にはこだわります。**結婚後も適度な距離を保ち、物理的、そして時間的な自由を邪魔しないようにしましょう。**また、**妻が笑顔でいてくれることが、男性にとっての何よりの喜びです。**がんばりすぎず、妻がご機嫌でいるだけで、男性の結婚生活への満足度はあがるでしょう。

ら

りょこう

【旅行】

男

不慣れな場所へ行くこと

旅好きな人も一部いるが、基本的に家で好きなことをしているほうが楽なので、家族旅行の場合は仕方なく付き合っているというのが本音。行くにしてもおなじみの場所、宿が安心する。

女

日常から解放されるレジャー

家事や仕事などあらゆるものから解放され、気持ちもリラックスするもの。初めての体験、場所に心ときめく。とはいえ、夫が気乗りしない様子だと、「二人か気の合う友人と行きたい」が本音。

それぞれがやりたいことを少しずつ、そして一緒にできると最高の旅行に。

アウェイ感覚で落ち着かない男性
非日常にワクワクする女性

効率重視の男性は、ちょっとしたトラブルにイライラしがちですが、トラブルも含めて楽しもうとする女性は、同じ姿勢を夫にも求めています。日常からの解放も大きな目的なので、**コンドミニアムなどを選ぶ場合は、料理を任せたりせず、極力妻が動かずに済む工夫や配慮をすることをおすすめします。**

また、馴染みの場所でこそリラックスできる男性にとって、旅行は「家族サービス」のような感覚です。よって、夫が不機嫌そうな場合は、さりげなく感謝を伝えると、機嫌がよくなることも。とはいえ、一緒に楽しめたほうが楽しいので、**夫が興味を持ちそうなことをうまくプランに組み込みましょう。**

ろうご

【老後】

男

人生の不安な後半

仕事をがんばってきたサラリーマンほど不安になる。「夫婦で楽しむ」という理想はあっても、具体的に描く材料もない。健康面も金銭面も何が起こるかわからないと思っている。

女

人生の楽しみな後半

いろいろなことから解放され、好きなことを満喫できる、第二の青春だと予想している。それを夫に邪魔されたくない。

定年後こそ、それまでの関係の結果が出るとき。二人で旅行に行ける仲かな？

老後は妻が頼りの男性
老後は一人で楽しみたい女性

家事も育児も妻任せにしてきた男性の老後は、かなり肩身が狭いものになる可能性大。**若いうちから妻への協力を惜しまず、強い絆をつくっておくと、幸せな老後を過ごせます。**

また、老後に暇を持て余すよりは、家事スキルを身につけたり、熱中できる趣味を見つけるなど、準備をしておきましょう。

仕事人間だった男性ほど、定年を迎えた途端にどっと老け込みがち。自分は自分で楽しみたいという気持ちもわかりますが、家事を担当してもらう、妻の人脈に夫も入れる、夫の老後にやりたいことを応援するなど、**一緒に楽しむ意識を持ったほうが、結果自分の人生も充実します。**

ら

ろまんちっく

【ロマンチック】

男

ドラマチックな演出

そもそも男性にはよくわからないもの。女性が感激している映画やドラマを見て推測している。ただし、冒険や夢、強さ、成功といったロマンは常に追い求めている。

女

素敵な雰囲気

きらめくキャンドルや愛をささやく言葉など、あくまで雰囲気に憧れている。現実的なように見えても、ディズニープリンセスや少女漫画、韓流ドラマにより洗脳されているため、どこかで求めていたりする。

えっ、ここでプロポーズ!?　男のロマンチックは暴走しがち。

ロマンチックは意味不明の男性 ロマンチックに憧れる女性

女性の求めるロマンチックとは、あくまでも現実に根差したロマンの演出です。男性にはさっぱりイメージできないかもしれませんが、情報源である少女漫画や韓流ドラマを見れば、かなり参考になるはず。思いがけないときに、ロマンチックな演出をされるとやっぱり嬉しいのが女心。ただし、難易度はかなり高く、一歩間違えるとドン引きされます。

夫の「ロマンチック」な演出が的外れだとしても、「何やってんの?」と冷めたリアクションをするのは酷というもの。**そもそも男性にとって「ロマンチック」はとても難解なテーマなので、妻を喜ばせようとするその気持ちに努力賞を。**それも夫に対する思いやりです。

ら

おわりに

梅津貴陽

―男性としての俯瞰的な視点より―

本書を執筆する過程においてつくづく痛感したのは、その男女としての発想の差、物事の考え方の差でした。もちろん人は十人十色ですから、同性であってもその意見が違うことは十二分にわかっておりました。それゆえ本書は、男女それぞれに、より最も多数の意見となるであろうという考えを模索し採用しながら進めて参りました。

しかしながらそれであっても、男女というものには、大きな違いが色濃く出るものだと驚きを隠せません。

一体どうして、同じ国に育ち、同じ言語を使いながら、性別というだけでこのような差異が起こるのか、その原因に関しても、私の興味のあるところではありますが、本書は今回その点ではなく、あくまで男女の言葉の意味解釈の違い、更には思考の違いに特化して執筆し、辞書的なものとして制作いたしました。

読んでくださった皆様におかれましては、異性と会話する中で「おや？」と思ったり感じたりしたときに、本書でサッと調べて読んでいただけたらと思っております。そしてその言葉のページを読むことで、ときに楽しみながら、ときに「ほーーーーぉ」と思いながら、言葉の意味が男女で違うことを知り、男女の理解を深めることのツールとして、本書がお役に立てたらと思ってやみません。

本書ではおもに結婚している男女を扱ってはおりますが、未婚の方であっても、またはお仕事の場面であっても、もし本書の内容を知っていたら、その男女の関係は磐石になること間違いないと自負しています。一人でも多くの読者の方々が、今生の人生を楽しく有意義に過ごして欲しいと心から思っております。

末筆ではありますが、本書は製作に関わった全員の総力の結晶であることは間違いありません。本書の企画にあたり、「そのような内容の本をつくるのであれば、ぜひこの方々と」と共著の二人をご紹介くださった、絵本作家のがもうともえさんには、その完璧な采配に感謝いたしております。そして原稿をつくるにあたり、企画段階から男女間の良好な関係に向けて、その熱い思いを最後の最後まで燃やし続け、日々の忙しさの中、企画執筆を共にしてくれた、長谷川みかさん、小林奈保さん両氏には、感謝というよりも心から敬服しています。また本書編集にあたり、その辣腕さを持って怒涛の如く完成に導いてくれた、ディスカヴァー・トゥエンティワンの大竹朝子さんには、最後まで温かい目で私達三人を見守ってくださったことに、心より御礼申し上げます。

長谷川みか

―不器用に愛し合う両親の子どもとしての視点より―

私の両親はこじらせまくった夫婦でした。どちらかというと、こじらせているのは主に母のほう。

両親とも他界した今、改めて思うと、両親それぞれお互い愛していたなと思います。

しかし、ラブラブで、双方向でキャッチボールできている関係性かというと、そうではなく、わかりにくい球を二人して投げ合っていたように思います。

気持ちよくキャッチボールできないと、ベンチに引っ込む母。そうかと思うと、いきなりベンチからマウンドに立って魔球のような球を投げ、それを父が受け取れない。再びへそを曲げてベンチへ引っ込む（ただ黙って話を聞いて、認めてほしい母）。

父はスピードや変化を見せつけるようなボールを投げる。それは、母が受け取りたくないような形の球で、もちろん受け取らない（単純にほめてほしかった父）。

たまに気持ちよいキャッチボールができても、受け取りにくいボールを再び投げては、相手が受取れないことに傷ついてしまう。頻繁に起こる衝突。

こんな形で取るコミュニケーションに子ども時代の私と妹は、もちろん、とても迷惑しました。


両親の結婚生活が約35年経ち、私は結婚し、ようやく家を出ることに。

父と母、二人だけの生活の幕開けとほぼ同時に、母の癌が発覚しました。

しかし、原因がどこにあるかわからず、検査を繰り返し、探している間に肺に転移しました。

手術や対処療法もできないまま半年たった頃、ようやく見つかったのは咽頭にできた、気づかれないほどの小さな癌でした。


母を象徴するような病気だなと思いました。

自由奔放で、言いたい放題言っているように見える母でしたが、自分の寂しさに気づかず、原因を探している間に、悲しみの臓器と言われる肺がどんどん癌に蝕まれていく。

ほんの少しのことが言えずにいたのだと思いました。

闘病後1年経ち、母がようやく口にで

きたのは「寂しい。そばにいてほしい」でした。
それを言った瞬間、父と母は泣いて抱き合いました。

その数か月後、母は息を引き取りましたが、とても美しい顔をして旅立ちました。その顔を見て、最後に本当の気持ちが言えてよかったなと心から思いました。

仲のいいときはとても仲がよかった両親が、愛されたいことに素直になれず、誤解で意地をはり、もったいない夫婦の時間を過ごしたように思います。

私自身、結婚して、15年経った今思うのは、あのときの母の気持ちだったりしますし、私もしょっちゅうこじらせまくっています。

でも、元をただせば、夫とのちょっとした言葉のすれ違いや、男女としての有り様の違い、要は単なる誤解。と、両親のことを思い軌道修正の日々。

いろんな関係性ごと、それぞれ、抱えている問題はあると思います。

ただ、自分の本音に気づいて、愛に気づいて、パートナーシップを築くのは、ひょっとしたら多くの方の人生のテーマではないかと思います。

この本が少しでも、ご自身の人生と、パートナーシップを楽しめるお役にたてたら幸いです。

小林奈保

―夫婦の危機を経験した女性の視点より―

私たちが小さい頃から読んできたおとぎ話は、王子様と主人公が結婚してめでたし、めでたし、で終わり。

そして「婚カツ」も結婚がゴールと思われがちです。

しかし、よく考えてみると、結婚後の生活、普通に考えて40年~50年以上あります。

その結婚生活をどのようなものにするか、は夫婦お互いの人生に大きな影響を与えると思うのですが、当時の私はまったく無防備に結婚生活を始めてしまいました。

その結果、結婚生活はわずか7年で崩壊寸前となりました。しかし別れると決意したとき、同時にどれだけ夫のことを愛していたかにも気づいてしまったのです。

お互いに愛し合って結婚したはずなのに、どうして幸せな結婚生活を送る人とそうでない人がいるのでしょう。

やっぱりこの人と幸せになりたい、と

決意した私は、そこから男性について、夫について、理解しようとし、理解したことを実践し始め10年経ちました。そしてその結果、今まで知らなかった夫を知り、夫の気持ちを感じることができるようになり、今は夫と結婚して本当によかった、と心から思えるまでになりました。

この本では、全編通じて、「男女の違い」という視点から話をしていますが、もちろん、世の中の男性、女性がすべてぴったり当てはまるというわけではないと思っています。

大事なのは、「相手と自分は違う」ということです。そのことを忘れ、自分がこう思うことは相手もそう思うはずだ、という思い込みが多くの結婚生活を不幸にしているように思います。

ならば、逆に言えば、その違いを知り、お互いを理解し、そしてお互いの長所を活かしていけたら、結婚生活はハッピーになるのではないでしょうか。

「夫婦であっても違う人間である」という前提のもとに、その違いを知り、お互いが幸せになるにはどうすればいいか、研究・実践してきたことの「初めの一歩」をこの本には記させて頂きました。

「男女の違い」という分かりやすい例か

ら、ぜひ「僕と妻」「私と夫」はどのように違うのかを考えながら読んで頂けたら嬉しいです。

最後になりますが、本書は本当に多くの方に支えていただき完成することができました。

初めてで分からないことだらけの私を導いてくださった共著の梅津貴陽さん、夜な夜な一緒に原稿をしあげた長谷川みかさん、拙い原稿からわかりやすく仕上げてくださった編集の方々、そして私たちのわがままを辛抱強く聞いてくださり、素敵な本に仕上げてくださった大竹朝子さん、本当に感謝の気持ちでいっぱいです。ありがとうございました。

この本が、皆さんの幸せな結婚生活構築の一歩となりますように。

だからモメる! これで解決!

男女の会話答え合わせ辞典

発行日 2019 年 10 月 30 日 第 1 刷

Author 男女のすれ違い検証委員会(梅津貴陽 長谷川みか 小林奈保)

Illustrator 川原瑞丸
Book Designer 杉山健太郎

Publication 株式会社ディスカヴァー・トゥエンティワン
〒102-0093 東京都千代田区平河町2-16-1 平河町森タワー11F
TEL 03-3237-8321(代表) 03-3237-8345(営業)
FAX 03-3237-8323
http://www.d21.co.jp

Publisher 干場弓子
Editor 大竹朝子 (編集協力:熊本りか)

Editorial Group 藤田浩芳 千葉正幸 岩﨑麻衣 大山聡子 木下智尋 谷中卓 林拓馬 堀部直人 松石悠
三谷祐一 安永姫菜 渡辺基志

Marketing Group 清水達也 佐藤昌幸 谷口奈緒美 蛯原昇 青木翔平 伊東佑真 井上竜之介 梅本翔太 小木曽礼丈
小田孝文 小山怜那 川島理 倉田華 越野志絵良 斎藤悠人 榊原僚 佐々木玲奈 佐竹祐哉 佐藤淳基 庄司知世
高橋雛乃 直林実咲 鍋田匠伴 西川なつか 橋本莉奈 廣内悠理 古矢薫 三角真穂 宮田有利子 三輪真也
安永智洋 中澤泰宏

Business Development Group 飯田智樹 伊藤光太郎 志摩晃司 瀧俊樹 林秀樹 早水真吾 原典宏 牧野類

IT & Logistic Group 小関勝則 大星多聞 岡本典子 小田木もも 中島俊平 山中麻吏 福田章平

Management Group 田中亜紀 松原史与志 岡村浩明 井筒浩 奥田千晶 杉田彰子 福永友紀 池田望
石光まゆ子 佐藤サラ圭

Assistant Staff 俵敬子 町田加奈子 丸山香織 井澤徳子 藤井多穂子 藤井かおり 葛目美枝子 伊藤香 鈴木洋子
石橋佐知子 伊藤由美 畑野衣見 宮崎陽子 倉次みのり 川本寛子 王廳 高橋歩美

Proofreader 文字工房燦光
DTP アーティザンカンパニー株式会社
Printing 大日本印刷株式会社

ISBN978-4-7993-2571-1